H. Velte, H. G. Seyfried, P. Raab

VON GELB BIS GRÜN
JUDO
GÜRTELPRÜFUNG

Zur Person:
Herbert Velte, der Initiator dieses Buches, beschäftigt sich seit nahezu 30 Jahren mit dem Budosport. Er begann mit dem Judo 1953 und bestand die Prüfung zum 2. Dangrad 1960 bei Kokichi Nagaoka.
Während seiner kämpferischen Laufbahn war Herbert Velte mehrmals Hessischer Judo-Einzelmeister und einmal Deutscher Vizemeister.
Von 1961 bis 1967 arbeitete er als hauptberuflicher Redakteur des noch heute existierenden Fachorgans »Judo«, danach als Schriftleiter des »Internationalen Judo- und Karate-Journals« in Lübeck.

Nicht nur viele Fachartikel in Budo-Zeitschriften, sondern auch einige Publikationen wie »Budo-Lexikon«, »Budo-Weisheiten«, »Budo-Karikaturen«, mehrere Bände der Reihe »Die kleine Budo-Bibliothek« und andere Broschüren über die Themen Judo, Karate und die artverwandten Sportarten machten ihn in Fachkreisen bekannt.
Seit 1973 ist Herbert Velte Inhaber der »Budo-Artikel-Vertriebs GmbH« in Bad Homburg v.d.H..

Impressum

Von Gelb bis Grün. Die Judo-Gürtelprüfung.

Herausgeber: Sport-Buch-Verlag H. Velte, Hans-Böckler-Straße 9, 6392 Neu-Anspach/Ts.
Vertrieb: Budo-Artikel-Vertriebs GmbH. H. Velte, gleiche Adresse, Telefon 0 60 81 / 4 33 55.
Darsteller: Peter Raab (1. Dan), Hans-Georg Seyfried (2. Dan) und Herbert Velte (2. Dan) u.a.
Idee und Zusammenstellung: Herbert Velte.
Texte: Herbert Velte und Hans-Georg Seyfried.
Satz: Wagner, Druck + Verlag KG., 6390 Usingen/Ts.
Umschlaggestaltung, Grafik und Lithografie: P. Raab / W. Lortz.
Druck: ristau-druck, 6365 Rosbach v.d.H., Telefon 0 60 03 / 85 2362

Erste Auflage: Juli 1983
Vierte Auflage: Dezember 1991
ISBN 3-923473-09-5

Die Menschen sind Rivalen im Wettkampf, aber geeint und Freunde durch ihr Ideal in der Ausübung ihres Sportes und noch mehr im täglichen Leben.
Jigoro Kano, Begründer des Modernen Judo, 1860 -1939.

Inhaltsverzeichnis

Vorwort

Innen bedingt Außen und Außen bedingt Innen. Von Einem zum Andern, vom Andern zum Einen. So schreite zu Dir, von Stufe zu Stufe, von Gelb zu Schwarz, vom Anfänger zum Meister.
Das vorliegende neue Fachbuch für und über die Judo-Gürtelprüfung dient dazu als Hilfestellung.
Es kann keinen Anspruch auf Vollständigkeit erheben; es soll nur Anregungen geben. Und es soll dem Lernenden auf dem langen Weg zur Judo-Meisterschaft eine Unterstützung sein. Auch dem noch neuen Prüfer ist es Hinweis und Gedächtnisstütze, wie diese oder jene Judotechnik in der Praxis auch noch ausgeführt werden kann.
Hauptbestandteil dieses Buches sind die fotografischen Darstellungen über die bei den jeweiligen Prüfungen verlangten Techniken, mit kurzen erklärenden Texten. Jede Übung kann daher im Training leicht nachvollzogen werden; wenn möglich unter der Anleitung eines erfahrenen Trainers.
Auch zusätzliche Kombinationen oder Variationen können in jedem Judo-Club, in der Judo-Abteilung oder in der privaten Judoschule einstudiert, trainiert und vervollkommnet werden.
Der gesamte Themenkreis wurde in zwei Büchern aufgeteilt, »Von Gelb bis Grün« und »Von Blau bis Schwarz«, um dem Prüfling den höheren Kaufpreis für ein zusammengefaßtes und größeres Buch zu ersparen.
Es liegt uns fern, Vorschub zu leisten für sogenannte »Gürtelspringer«, die von einer Prüfung zur anderen eilen, um in kürzester Zeit den Meistergrad zu erreichen.
An der wahren Meisterschaft gehen diese allzu Eifrigen jedoch vorbei. Denn nur, wenn die innere positive Einstellung dem körperlichen Training folgen kann, d.h. wenn die Theorie mit der Praxis übereinstimmt, wird der begehrte schwarze Judogürtel, nach hartem Training — und wenn die Zeit gekommen ist — erreicht sein.
Dazu wünschen wir ein eifriges Lernen und viel Spaß.

Im Frühjahr 1983 — Der Herausgeber

Die Geschichte des Judo...

ist allgemein bekannt. Nur über Ursprung und Entwicklung des Jiu-Jitsu liegen noch heute undruchdringliche Schleier. Es ist oft nur bekannt, daß sich das Judo aus dem Jiu-Jitsu (heute Ju-Jutsu) entwickelt hat. Woher aber kam das Jiu-Jitsu?

Zwei Legenden

Am Anfang standen zwei Legenden, die über Jahrtausende hindurch von Mund zu Mund überliefert wurden. Einmal wird berichtet, soll ein kleiner Chinesenjunge mit Namen Li-tei-feng bei einem großen Sturm voller Entsetzen beobachtet haben, wie die dicksten Bäume entwurzelt und die stärksten Äste geknickt wurden. Nur ein kleines Bäumchen wurde verschont. Es bog bescheiden seinen Wipfel bis hinunter zur Erde. Doch als der Sturm aufhörte, sein Unwesen zu treiben, richtete es sich wieder auf und stand unbeschädigt da wie zuvor.
Der Ort dieser Legende — irgendwo mitten in China — wird noch heute als die Geburtsstätte des Judoprinzips »Siegen durch Nachgeben« angesehen. Eine andere, jedoch ähnliche Überlieferung, erzählt von einem Weidenbaum und einem Kirschbaum im Winter. Unter der Last des Schnees brachen die Äste des Kirschbaums wie Streichhölzer, während aber die Weide biegsam nachgab, den Schnee abrutschen ließ und ihm keine Angriffsfläche bot. Auch hier wieder das Prinzip »Siegen durch Nachgeben«.
Es ist möglich, daß diese beiden Begebenheiten irgendwie, irgendwann und irgendwo bei der Entwicklung der frühesten Anfänge des Jiu-Jitsu Pate standen. Authentisch nachgewiesen werden kann es jedoch nicht.

Massagekunst der Inder

In diesem Zusammenhang wird auch oft davon berichtet, das alte Jiu-Jitsu gehe auf eine Massagekunst der Inder zurück. Diese kannten schon damals über einhundert schmerzempfindliche Stellen am menschlichen Körper, die schon in der Jüan-Dynastie (13. Jahrhundert) für den Zweikampf ohne Waffen ausgenutzt wurden und sich im heutigen Zweiggebiet des Judo, im Atemi-waza, wiederspiegeln.
Die Verfechter der Meinung, das Jiu-Jitsu sei ausschließlich japanischen Ursprungs, haben viele Feinde, die etwas anderes behaupten und zum Teil auch nachweisen können. Denn zu allen Zeiten hat es Menschen gegeben, die sich mit dem Ringkampf befaßten und die Mittel und Wege suchten, durch geschickte Ausnutzung der gegnerischen Bewegung oder gar durch »geheime« Griffe im Spiel zu siegen oder im Kampf zu überleben.

Geheime Griffe in aller Welt

In allen Ländern der Erde existieren noch heute antiquarisch nur noch sehr schwer zu erhaltende Veröffentlichungen über diese alten Raufkünste. An erster Stelle stehen hier die fernöstlichen Länder Indien, China und Japan. Auch bei den Griechen gab es schon im Altertum das noch heute bekannte Pankration, eine Art kombinierter Ring- und Faustkampf, und etwa im 11. Jahrhundert gab es in Irland den Glimo-Kampf, später im 14. Jahrhundert den englischen Cornval-Stil, der ebenfalls als Nahkampf ohne Waffen betrieben wurde.
Sogar in Deutschland findet man zahlreiche Publikationen über das alte deutsche Freiringen, aufgezeichnet von Albrecht Dürer. Diese in Kupferstichen festgehaltenen Kunstgriffe der damaligen Landsknechte zeigen eine verblüffende Ähnlichkeit mit den Wurftechniken des modernen Judo. Es existiert weiterhin ein Lehrbuch für Ringen von Fabian Auersbach, ferner ein Jiu-Jitsu-ähnliches Fechtbuch von Talhoffer, ebenso das noch heute lieferbare Buch »Das Ringen im Grüblein« mit judo-verwandten Techniken und schließlich in Holland die »Worstel-Konst« von Nikolais Petter.

Der Weg des Jiu-Jitsu

Das eigentlich Jiu-Jitsu jedoch kam über Indien nach China und von dort nach Japan. Um etwa 1650 n. Chr. soll ein in Tokio lebender Chinese mit Namen Tsin Gembin einen japanischen Ritter (Samurai) erstmals in die Kunst des Jiu-Jitsu eingeweiht haben. In vielen historischen Berichten ist auch von drei Samurai die Rede. Oft wird auch berichtet, dieser Chinese sei den Samurai an der Küste der Insel Hokkaido in die Hände gefallen und konnte sein Leben nur durch die Preisgabe seiner Kunst retten.
Diese Kunst wurde dann nach 1650 von den Samurai und später von vielen Tausenden nachahmungseifrigen Japanern zu einem großartigen System der Selbstverteidigung ausgearbeitet. So entwickelten sich im Laufe der Jahre — geographisch bedingt — viele gleichwertige Systeme und Schulen, so z.B. unter den Bezeichnungen Toride, Kogusoku, Kumiuchi, Shibaku, Yawara, Tai-jutsu, Wa-jutsu, Kempo, Hakuda und Jiu-Jitsu. Alle Systeme verfolgten den Grundgedanken, daß ein Schwächerer einen Stärkeren im Kampf ohne Waffen kampfunfähig machen und ihn, wenn nötig, töten könne, nach dem Grundsatz »Drücke, wenn der Gegner zieht, und ziehe, wenn der Gegner drückt«.

Ein deutscher Arzt, der geistige Initiator des Judo

Als Ende des 19. Jahrhunderts — also nach 230 Jahren — das japanische Volk eine Periode der Verachtung alles Einheimischen durchmachte, wurde auch »die sanfte Kunst« abgelehnt und geriet allmählich in Vergessenheit. Nur durch einen Zufall erfuhr die für damalige Verhältnisse geniale Selbstverteidigung eine verdiente Rehabilitie-

rung: Wiedererwecker war der deutsche Arzt aus Bietigheim / Württemberg, Dr. Erwin von Bälz, der heute noch als geistiger Initiator des Judo gilt.
Im Jahre 1877 machte dieser schwäbische Medizinprofessor an der kaiserlichen Universität in Tokio (von 1876 - 1892) den jungen Studenten Jigoro Kano (1860 - 1939) auf das alte Jiu-Jitsu aufmerksam. Dr. von Bälz empfahl außerdem der Regierung die Verbreitung dieses genialen, in Vergessenheit zu drohenden Sports, nach Überwindung zahlreicher Widerstände, regte sein Schüler Kano an, eine Umformung des alten Jiu-Jitsu auszuarbeiten und dieses schließlich für die gesamte japanische Jugend »salonfähig« zu machen.
Jigoro Kano interessierte sich am Anfang weniger, dann aber, durch das stetige Zuraten seines deutschen Professors, immer mehr für die Verbreitung dieser edlen Kunst. So gründete er schon im Frühjahr dieses Jahres 1882, also mit 22 Jahren, im alten Tempel »Eishoji« (zu deutsch »Weidenherzschule«) die erste Übungsstätte. Nach dem Studium aller bis dahin schon existierenden verschiedenen Techniken, Richtungen und Schulen faßte Jigoro Kano diese zu einem eigenen Jiu-Jitsu-System zusammen.

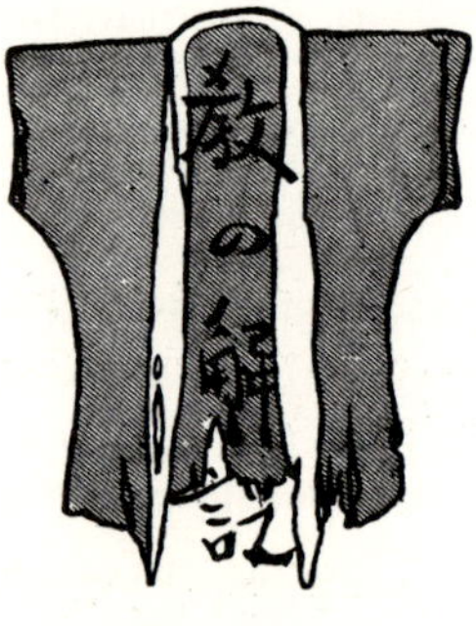

Bild 3: Historisches Symbol aus den Anfängen des Judo; die durch tägliches Training zerrissene Judojacke von Jigoro Kano.

Dieses wird noch heute in der westlichen Welt gelehrt und vielerorts als modern angesehen, obwohl Kano schon nach wenigen Monaten aus dem gefahrvollen Jiu-Jitsu die sanfte Sportart Jiu-Do (heute Judo, der sanfte Weg) entwickelte. Jigoro Kano sah anfänglich keinen erzieherischen Wert in dem groben Jiu-Jitsu, außerdem war diese Selbstverteidigung für den Zweikampf auf der Matte nicht geeignet, und schließlich bemängelte Kano die Schönheit und Eleganz der Bewegung. Kurzum: Kano schaffte alle verletzenden Griffe des Jiu-Jitsu ab und behielt lediglich für sein neues Judo einige Würfe und Bodengriffe bei.

Nach dieser Zeit wurde das neue Kano-Judo immer populärer. Schon damals trat diese Sportart ihren Siegeszug durch Japan an. Jigoro Kano gründete im Jahre 1886 die größere Judolehrstätte Kodokan, die noch heute in Tokio, natürlich in weit verbesserter Form, existiert. Der Kodokan gilt noch jetzt als das Mekka aller Judosportler der Welt. Und wenn diese während des Trainings ihren Kotau vor dem Gegner machen, ist diese Verbeugung gleichzeitig eine Ehrerbietung vor dem großen Kano'schen Judoprinzip. Immer mehr Mitglieder gingen seinerzeit zu Kano und fanden Interesse an seinem in das Gewand des Sports gekleideten moralischen Prinzip.

Sieg des Judo über das Jiu-Jitsu

Der größte Erfolg des Judo aber wurde dann erreicht, als die Judoschüler Kanos gegen die konservativen Jiu-Jitsu-Helden im Zweikampf antraten und einen überragenden Sieg davontrugen. Das war

Bild 4: Zeichnerische Darstellung einer Judowettkampf-Veranstaltung.

1890, wo es zur großen Entscheidung zwischen der Totsuka-Jiu-Jitsu-Schule und dem Kodokan kam. 13 Kodokanschüler gewannen ihren Kampf eindeutig, und nur zwei kämpften unentschieden.

6 Millionen Judosportler

Aber zurück zum modernen Judo: Heute erreicht die Zahl aller Judo-Enthusiasten der Welt die beachtliche Zahl von über 6 Millionen und hat damit sogar alle anderen Kampfsportarten überflügelt. Eine beispiellose Karriere also.

Judo in Deutschland

In Deutschland wurde zuerst das Jiu-Jitsu von Altmeister Erich Rahn (der »Meister der 1000 Griffe«) eingeführt. Das war im Jahre 1906. Erich Rahn leitete in Berlin eine große Jiu-Jitsu-Schule und verschickte Fernlehrbriefe seiner europäisierten Selbstverteidigung in alle Welt. Ebenfalls um 1900 herum kamen auch japanische Judolehrer nach Deutschland. Ihr talentiertester Schüler war seinerzeit Alfred

Rhode aus Frankfurt/Main. Er fand am Judo im Laufe der folgenden Monate immer größeres Interesse und sah dessen Eleganz im Gegensatz zum Jiu-Jitsu. Ja, Alfred Rhode führte sogar den Judosport in Deutschland ein. Er gründete 1922 den 1. Deutschen Judo-Club in Frankfurt/Main, 1932 den Judo-Ring und die 1. Internationale Judosommerschule (für Lehrgänge), 1933 die Europäische Judo-Union und 1951 das Deutsche Dan-Kollegium (maßgebend für Deutschlands Technik und Gürtelprüfungen). So ist der Name Rhode als »Judo-Vater« untrennbar mit dem deutschen Judo verbunden, welches eine steile Aufwärtsentwicklung in Deutschland verzeichnen konnte und nur einmal einige Jahre, durch ein kurioses Gesetz der Militärregierung im Jahre 1945 verboten wurde.

Die Zukunft des Judo

Für das Kampfsport-Judo war das Jahr 1956 das große Jahr der 1. Weltmeisterschaften, und eine weitere Gunst in der Öffentlichkeit erhielt der Judosport durch eine Anerkennung als olympische Disziplin. Heute gibt es über 200 000 Judosportler in Deutschland (in DJB-Vereinen, in privaten Judoschulen und in anderen Organisationen). Zahlreiche Meisterschaften auf nationaler und internationaler Ebene werden vom Deutschen Judo-Bund jährlich ausgerichtet. Turniere, Lehrgänge, Versammlungen und Tagungen schließen sich an. Der Deutsche Judo-Bund e.V. ist der Europäischen Judo-Union (ca. 1 Million Mitglieder) angeschlossen und diese wiederum der World-Judo-Federation mit dem Sitz in Tokio / Japan.
Der Judosport hat auch weiterhin eine große Zukunft.

Bild 5: Darsteller Peter Raab, 1. Dan.

Bild 6: H. G. Seyfried, 2. Dan.

Der Kämpfer
Peter Raab

Peter Raab, geboren 1951,ist von Beruf Graphiker und Illustrator
Er ist verheiratet, hat einen kleinen Sohn und wohnt privat in Friedrichsdorf im Taunus.
Seine judo-sportlichen Erfolge machten ihn auch außerhalb Deutschlands bekannt. Peter Raab betreibt seit mehr als 21 Jahren Judo. Er war 12 Jahre lang Mitglied der Deutschen Judo-Nationalmannschaft (3 Jahre als Jugendlicher, 3 Jahre als Junior und 4 Jahre als Senior). 1970 bestand Peter Raab die Prüfung zum 1. Dan.
Obwohl er seit vielen Jahren mit großem Erfolg die Judo-Kampfmannschaft der »Homburger-Turn-Gemeinde« betreut, kann er selbst auf eine Menge von Titelerfolgen zurückblicken: Neben 25 Landesmeister-Titeln war Peter Raab mehrfacher Deutscher Meister (Jugend, Junioren und Senioren) und einmal 3. Jugend-Europameister.

Der Trainer
Hans-Georg Seyfried

Hans-Georg Seyfried, geboren 1950, ist Student der Biologie. Auch er ist verheiratet und hat eine kleine Tochter. Er wohnt in Bad Homburg v.d.H. und ist seit seinem 13. Lebensjahr Vereinstrainer der Judo-Abteilung der »Homburger Turngemeinde«. Hans-Georg Seyfried kann ebenfalls auf zahlreiche Kampferfolge zurückblicken: Er war mehrmals Hessischer Judomeister, als Schüler, als Jugendlicher und als Senior. 2 x 3. Südwestdeutscher Meister. 1 x 3. Internationaler Luxemburgischer Judomeister und Mitglied der Jugend-Nationalmannschaft. Von 1968 -1972 Bundesliga-Kämpfer, Teilnehmer im Olympia-Kader des DJB. Seinen 1. Dan erreichte er 1970; den 2. Dangrad 1979. Als Übungsleiter ist er im Besitze der F-Trainer-Lizenz und gleichzeitig LZ-Trainer des Leistungs-Zentrums Hochtaunuskreis für die Jugend. Schließlich ist Hans-Georg Seyfried prüfungsabnahmeberechtigt.

10 Tips für Gürtelprüfungen

1. Bereite dich auf die Prüfung gründlich vor. Dadurch ersparst du dir peinliche Situationen im Beisein der Prüfungskommission.
2. Melde dich nur dann zu einer Gürtelprüfung, wenn die Zeit reif ist und wenn du den höheren Grad auch wirklich rechtfertigen kannst.
3. Befasse dich schon lange vorher mit der Judotheorie. Sie vermittelt dir ein umfangreiches Wissen und gibt dir auf der Matte ein Gefühl der Sicherheit.
4. Studiere die Verfahrensordnung für Gürtelprüfungen genau. Auch wenn du die technischen Gebiete beherrschst, gibt es immer noch die Möglichkeit, daß du wegen anderer Gründe die Prüfung nicht bestehst.
5. Denke nicht schon vorher daran, einen Gürtel zu überspringen. Damit schaffst du dir eine schlechte Ausgangsposition. Außerdem zeugt dies von falschem Judogeist. Wenn dein Können überdurchschnittlich ist, wird die Prüfungskommission diese Möglichkeit von selbst in Betracht ziehen.
6. Werde nicht zu einem »Gürteljäger«. Springe also nicht von Gürtel zu Gürtel, sondern versuche, daß die geistigen mit den körperlichen Voraussetzungen Schritt halten können.
7. Sei während der Prüfung ruhig und gelassen. Ruhig ist nicht überheblich, gelassen ist nicht lässig. Vermeide jegliche Hast. Übertrage diese Sicherheit auch auf das spätere Training und versuche auch dort alle Übungen so gut wie bei der Prüfung auszuführen.
8. Verzage nicht, wenn dir ein Fehler unterläuft. Wenn du ihn rechtzeitig erkennst, mache die Übung nachträglich richtig. Wenn dir gerade die Ausführung einer Technik entfallen ist, führe eine ähnliche Übung vor und erkläre diese korrekt. Sage aber niemals »ich weiß nicht«, oder »das kann ich nicht!«.
9. Achte bei Danprüfungen schon vorher darauf, daß du die jeweils vorgeschriebene Zahl der Kampfpunkte erreichst.
10. Verhalte dich auch im Leben so, wie bei einer Prüfung und wie man es von dir als Judoka voraussetzt. Erst dann hast du das »moralische Prinzip« des Judo richtig verstanden.

* * *

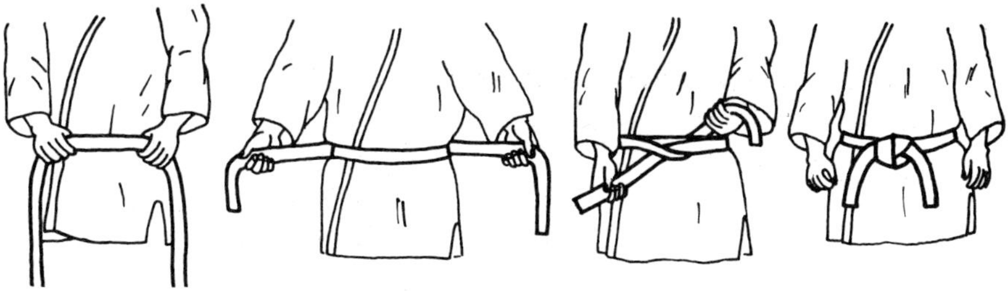

Bild 7: Das richtige Binden des Judogürtels, von vorne in der Mitte des Gürtels beginnend.

Die Gürtelfarben im Judosport

Kyugrade (Schülergrade)		Farben in Japan	
6. Kyugrad	weiß	weiß	Anfänger
5. Kyugrad	gelb	weiß	
4. Kyugrad	orange	weiß	
3. Kyugrad	grün	braun	Fortgeschrittener
2. Kyugrad	blau	braun	
1. Kyugrad	braun	braun	

Dangrade (Meistergrade)		*japanische Bezeichnung*	
1. Dangrad	schwarz	Shodan	Meister
2. Dangrad	schwarz	Nidan	
3. Dangrad	schwarz	Sandan	
4. Dangrad	schwarz	Yodan	
5. Dangrad	schwarz	Godan	
6. Dangrad	rot-weiß	Rokudan	
7. Dangrad	rot-weiß	Shichidan	Lehrer
8. Dangrad	rot-weiß	Hachidan	
9. Dangrad	rot oder rosa	Kudan	
10. Dangrad	rot oder rosa	Judan	

Bild 8: Wurf-Dynamik eines perfekten Tai-otoshi (siehe auch Seite 60 und 61).

Die Gokyo-no-kaisetsu

Das japanische Lehrsystem der Gokyo-no-kaisetsu gilt noch heute als Grundlage für Gürtelprüfungen und als Schema für die Ausbildung vom Anfänger zum Judomeister. Die Gokyo enthält in 5 Gruppen (je 8 Würfe) insgesamt 40 Wurftechniken, mit wachsendem Schwierigkeitsgrad.

1. Kyo	De-ashi-barai	=	Fußfegen
	Hiza-guruma	=	Knierad
	Sasae-tsuri-komi-ashi	=	Stützhebezug-Fußhalten
	Uki-goshi	=	Hüftschwung
	O-soto-gari	=	große Außensichel
	O-goshi	=	großer Hüftwurf
	O-uchi-gari	=	große Innensichel
	Seoi-nage	=	Schulterwurf
2. Kyo	Ko-soto-gari	=	kleine Außensichel
	Ko-uchi-gari	=	kleine Innensichel
	Koshi-guruma	=	Hüftrad
	Tsuri-komi-goshi	=	Hebezug-Hüftwurf
	Okuri-ashi-barai	=	Fußnachfegen
	Tai-otoshi	=	Körperwurf
	Harai-goshi	=	Hüftfegen
	Uchi-mata	=	Schenkelwurf
3. Kyo	Ko-soto-gake	=	kleiner Außenzug
	Tsuri-goshi	=	Hüftzug
	Yoko-otoshi	=	Seitenreißgriff
	Ashi-guruma	=	Beinrad
	Hane-goshi	=	Springhüftwurf
	Harai-tsuri-komi-ashi	=	Schwebehebezug-Fußhalten
	Tomoe-nage	=	Kopfwurf
	Kata-guruma	=	Schulterrad
4. Kyo	Sumi-gaeshi	=	Eckenwurf
	Tani-otoshi	=	Beinwurf
	Hane-maki-komi	=	Springdrehwurf
	Sukui-nage	=	Schaufelwurf
	Utsuri-goshi	=	Rücken-Hüftzug
	O-guruma	=	großes Rad
	Soto-maki-komi	=	Außendrehwurf
	Uki-otoshi	=	Handwurf
5. Kyo	O-soto-guruma	=	großes Außenrad
	Uki-waza	=	Seit-Körperwurf
	Yoko-wakare	=	Seitenriß
	Yoko-guruma	=	Seitenrad
	Ushiro-goshi	=	Rücken-Hüftwurf
	Ura-nage	=	Rückenwurf
	Sumi-otoshi	=	Eckenwurf
	Yoko-gake	=	Seitenzug

Bild 9: Mikinosuke Kawaishi, 8. Dan (Paris) bei der Demonstration eines Spezial-Schulterwurfes.

Verfahrensordnung für Judo-Kyu-Grade

1. Die erste Kyu-Prüfung erstreckt sich auf das Programm des 5. Kyu-Grades. Vor der ersten und zwischen allen weiteren Graduierungen muß eine Vorbereitungszeit von mindestens sechs Monaten, bei Judokas unter 14 Jahren von zehn Monaten liegen. Die Mindestwartezeit zwischen 2. und 1. Kyu-Grad beträgt ein Jahr. Sie verkürzt sich auf ein halbes Jahr, wenn der Teilnehmer 6 Kampfpunkte gemäß Kampfpunktetabelle (Turniererfolgskarte) oder 6 Turnierteilnahmen nachweist. Das Mindestalter für den 1. Kyu-Grad ist 14 Jahre, das Mindestalter für den 2. Kyu-Grad ist 12 Jahre.
2. Ein Prüfling kann nur die Prüfung zum nächsthöheren Kyu-Grad ablegen. Überspringen ist nicht gestattet.
3. Der Prüfungskommission müssen mindestens zwei prüfungsberechtigte Dan-Träger angehören. Eine Prüfungskommission bzw. jeder Prüfer dürfen nicht mehr als 25 Prüflinge an einem Tag prüfen.
   Bei Prüfungen ab 2. Kyu-Grad darf der zweite Prüfer dem ausrichtenden Verein weder angehören, noch in diesem tätig sein.
4. Nach der Prüfung ist deren Ergebnis (vorbehaltlich der Bestätigung durch den zuständigen Sachbearbeiter der DDK) bekanntzugeben. In einer Besprechung mit den Prüflingen können gute Leistungen und evtl. Mängel aufgezeigt werden.
5. Der ausrichtende Verein bzw. ein Mitglied der Prüfungskommission übersenden nach erfolgter Prüfung innerhalb 14 Tagen folgende Unterlagen an den zuständigen DDK-Sachbearbeiter:
   a) Alle Prüfungslisten (mit entwerteten Prüfungsmarken der Prüflinge, die nicht bestanden haben).
   b) Soweit gewünscht, ausgefüllte Urkunden der Judoka, die bestanden haben.
   c) Ausgefüllte Pässe mit eingeklebter DDK-Prüfungsmarke. (Die Pässe können dem DDK-Beauftragten auch bei anderer Gelegenheit zur Bestätigung vorgelegt werden, wenn eine entsprechende Regelung in der Landesgruppe besteht).
   d) Einen hinreichend großen, stabilen und adressierten Freiumschlag für die Rücksendung.
6. Die Bestätigung im DJB-Paß bzw. auf den DDK-Urkunden erfolgt mit DDK-Stempel und Unterschrift nach Überprüfung der eingesandten Unterlagen nur durch den zuständigen DDK-Landes-, Bezirks-, Kreissachbearbeiter.

Werden bei der Überprüfung der Unterlagen Verfahrensfehler festgestellt, kann die Anerkennung der Prüfung, soweit formelle Mängel nicht nachträglich behoben werden können, verweigert werden. Der Ausrichter trägt entstehende Mehrkosten.

7. Soweit Judo an allgemeinbildenden Schulen planmäßig unterrichtet und Kyu-Prüfungen im Rahmen dieses Unterrichts durch einen Lehrer der Schule, der prüfungsberechtigter Danträger des DDK ist, durchgeführt werden, genügt zur Abnahme von Kyu-Prüfungen dieser Lehrer als Prüfer, wenn mindestens ein weiterer sachkundiger Sportlehrer der betreffenden Schule bei der Prüfung anwesend ist. Die DDK-Prüfungsliste und die ausgestellten DDK-Urkunden sind mit der zusätzlichen Unterschrift des Sportlehrers unter Hinzufügung des Schulstempels zu versehen.

Vergabe bei Meisterschaftserfolg

8. In besonderen Einzelfällen kann der nächsthöhere Kyu-Grad (unter Beachtung des Mindestalters) für überragenden Meisterschaftserfolg bei Meisterschaften ab Landesebene verliehen werden. Antragsberechtigt sind:
   a) Der Landessportwart
   b) Der Landesjugendwart
   c) Die Landesfrauenwartin
   d) Die Landesmädelwartin

   Der Antrag ist mit schriftlicher Begründung an den Landessachbearbeiter für das Kyu-Prüfungswesen zu richten. Dieser befürwortet den Antrag, stellt eine Urkunde aus und leitet diese an den Vorsitzenden der DDK-Landesgruppe zwecks Unterzeichnung weiter. Erhebt der Landessachbearbeiter oder der Vorsitzende der DDK-Landesgruppe Einspruch, ist eine erneute Stellung des Antrags an die DDK-Landesversammlung zulässig, die nach Anhörung des Einspruchs endgültig entscheidet.

Die Prüfungsordnung für den **gelben** Gürtel finden Sie auf Seite 21.
Die Prüfungsordnung für den **orangenen** Gürtel finden Sie auf Seite 49.
Die Prüfungsordnung für den **grünen** Gürtel finden Sie auf Seite 77.

Alles für den gelben Gürtel, 5. Kyu-Grad (Go-Kyu)

Aus der Prüfungsordnung für Judo-Kyu-Grade (Schülergrade) des deutschen Dan-Kollegiums e.V.

Für den gelben Gürtel werden verlangt:

1. **Falltechnik (Ukemi)**
   a) Fallen seitwärts
   b) Fallen rückwärts
   c) Fallrolle vorwärts
2. **Wurftechnik (Nage-waza)**
   Demonstration von vier verschiedenen Wurftechniken nach eigener Wahl aus der Bewegung, z.B. aus dem 5. Kyu.
3. **Bodentechnik (Kateme-waza)**
   Demonstration von je einer Technik aus den vier Haltetechnikgruppen (Kesa-gatame, Kami-shiho-gatame, Yoko-shiho-gatame, Tate-shiho-gatame).
4. **Bewegungsaufgabe**
   Zwei verschiedene Wechsel von einem Haltegriff in einen anderen unter Ausnutzung der Befreiungsversuche von Uke anwenden.

Bild 10: Die Verbeugung aus dem Stand.
Bild 11: Die Vorbereitung des Judo-Sitzes.
Bild 12: Die Ausführung des Judo-Sitzes.

Der Judogruß

Mit dem Kennenlernen des richtigen Judogrußes begegnet der Judoschüler zuerst den entsprechenden japanischen Bezeichnungen, die — neben dem Grundsatz, daß die Höflichkeit oberstes Gebot im Judo ist — am Anfang einzuprägen sind. Die Vorbeugung aus dem Stand heißt Ritsu-rei, die Verbeugung aus dem Judositz Za-rei und der Judositz selbst heißt Tai-za.

Die Verbeugung aus dem Stand wird durch ruhiges Verneigen des Oberkörpers nach vorn ausgeführt, wobei die Handflächen etwas nach unten gleiten, um an den Außenseiten der beiden Oberschenkel einen festen Halt zu finden. Der Blick richtet sich zueinander.

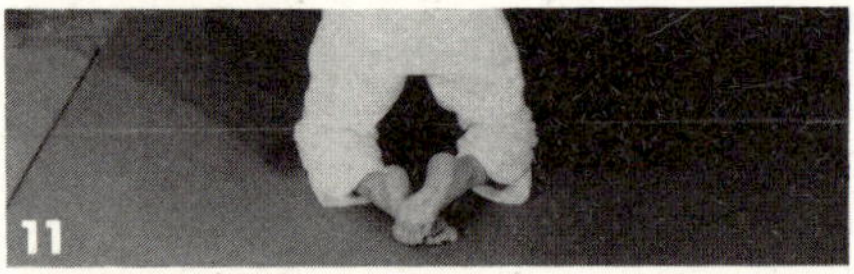

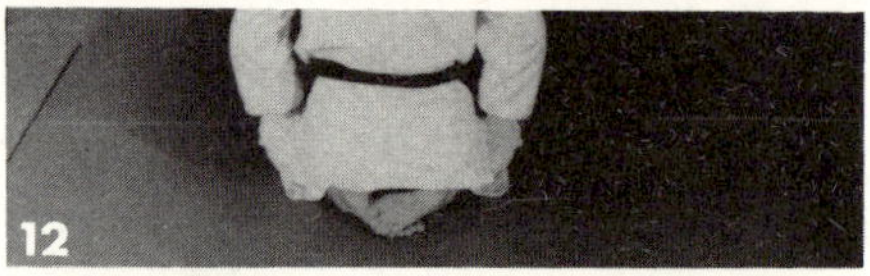

Der Judositz wird wie folgt eingenommen: Der stehende Judoschüler stellt zuerst seinen linken Fuß zurück, so daß sein linkes Knie in Höhe des rechten Fußes auf die Matte gesetzt werden kann. Dann wird auch der rechte Fuß zurückgesetzt, wobei die Unterseite der Zehen beider Füße auf die Matte gesetzt werden. Die Handflächen liegen leicht an der Hüfte. Man läßt sich nun zuerst kurz auf den hochgestellten Fersen nieder, erhebt sich wieder, um die Füße auszustrecken und setzt sich dann endgültig zwischen die Fersen. Die Handflächen werden dabei locker auf die Oberschenkel gelegt, während die Knie etwa in doppelter Faustbreite auseinandergesetzt werden. Der Oberkörper ist aufrecht, der Kopf gerade. — Das Aufstehen erfolgt in der umgekehrten Reihenfolge, also mit dem rechten Fuß beginnend.

Die Verbeugung aus dem Sitz wird so ausgeführt, daß sich der im Tai-za (siehe unten) sitzende Judoschüler nach vorn neigt, dabei die Handflächen in einem spitzen Winkel etwa 10 cm voneinander entfernt auf die Matte legt und mit dem Gesäß die Fersen nicht verläßt. In dieser Lage wird ca. eine Sekunde verharrt, dann erfolgt das Aufrichten.

Der Judositz (fälschlicherweise »Za-zen« genannt) dient zur Konzentration auf das kommende Training ebenso wie zur Entspannung nach harten Kämpfen. Er wird vor und nach jedem Training für einige Sekunden eingenommen. Die Augen blicken entweder in die Ferne, ohne an einem bestimmten Punkt zu haften, oder sie werden leicht geschlossen. Man denkt nicht.

13

14

15

16

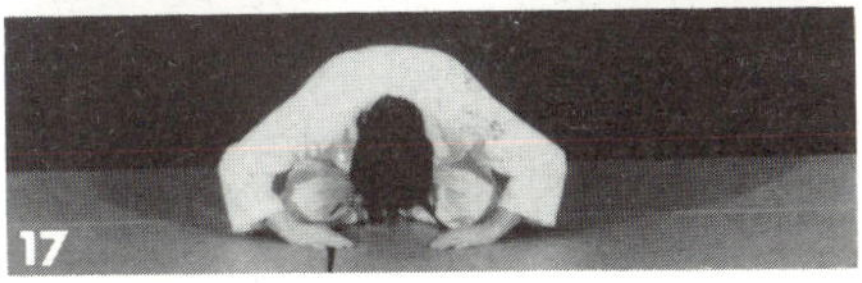
17

Bild 13: Vorbereitung des Judo-Grußes aus dem Sitzen.

Bild 14: Zuerst wird das linke Knie auf die Matte gesetzt.

Bild 15: Dann folgt das rechte Knie; der Oberkörper bleibt noch aufgerichtet; die Fußzehen »stehen« noch auf der Matte.

Bild 16: Nach dem Ausstrecken der Fußzehen erfolgt der Judo-Sitz wie Bild 11 und 12.

Bild 17: Die Verbeugung aus dem Sitz.

Fallschule für Anfänger und Fortgeschrittene

Die Fallschule gilt als Rückgrat des Judo und ist einer der wesentlichsten Bestandteile der ersten Judo-(Kyu)Prüfungen. Die Fallschule vermittelt dem eifrigen Judoschüler jene ersten Grundbegriffe über die Gesetze der Schwerkraft, des Beharrungsvermögens und der Zentrifugalkraft. Sie dient dem Anfänger dazu, die Angst vor dem Fallen, ganz gleich aus welcher Lage, zu nehmen und führt ihn auf diesem Wege zur Judomeisterschaft. Das Üben der einzelnen Fallübungen stellt damit an den Ausführungen hohe Anforderungen an Geschicklichkeit, Geduld und Geistesgegenwart.

Je nach Leistungsstufe des Judoschülers werden verschiedene Arten von Fallübungen verlangt. Hier sollen daher nur die drei wesentlichsten Übungsformen kurz erläutert werden: Die Rolle vorwärts, das Fallen seitwärts und das Fallen rückwärts. Alle drei Grundformen eignen sich sowohl für den Neuling als auch für den Judomeister. Der Neuling führt diese langsam und trotzdem technisch einwandfrei aus; der Judomeister rasant, schnell und gekonnt.

Die Rolle vorwärts

ist in erster Linie beim Jiu-Jitsu und im Judo bei den Körperwürfen (Sutemi) anzutreffen. Die Rolle vorwärts (auch Fallen vorwärts zum Stand genannt) wird wie folgt ausgeführt: Der Judoschüler stellt sein rechtes Bein vor, wobei die Zehen etwas nach innen, also nach links, eingedreht werden. Die rechte Hand setzt nun einen halben Meter vor den rechten Fuß so auf die Matte auf, daß die Finger nach links, wenn möglich sogar etwas zurück, gedreht werden. Die linke Hand wird zur Unterstützung ebenfalls auf die Matte gesetzt und zwar so, daß die Finger gegeneinander gerichtet sind. Über den rechten Unterarm, Oberarm, rechte Schulter, linke Hüfte, linker Oberschenkel und Füße

erfolgt nun eine Rolle vorwärts. Diese Reihenfolge ist genau zu beachten. Sie ist anders als beim einfachen Purzelbaum, nämlich seitlicher. Der Körper behält in der Luft die gekrümmte Lage bei. Kurz vor dem Aufstehen schlägt der gestreckte linke Arm (von Fingerspitze bis

Oberarm) auf die Matte, fängt die Wucht des Falls ab und gibt den letzten Schwung zum augenblicklichen Stand. Der Stand erfolgt auf beiden Füßen. Die Schwungkraft wurde dann richtig gewählt, wenn der Körper — ohne abfangenden Zwischenschritt — nicht mehr nach irgendeiner Seite fallen kann.

Das Fallen seitwärts
(auf den obigen Zeichnungen umgekehrt dargestellt)
ist etwas einfacher. Als Anfänger wählt man am besten die Form aus der Hocke. Man hält dazu seinen linken Arm gerade nach vorn, führt auch sein linkes Bein nach rechts vor das noch hockende rechte Bein und läßt sich nach links-seitlich fallen. Dabei wird eine kleine Rolle beschrieben, d.h. der Körper rollt ab vom linken Fuß, über den linken Oberschenkel, linkes Gesäß, Hüfte und linke Schulter. Auch hier schlägt der linke gestreckte Arm kräftig auf der Matte ab. Nach erfolgtem Fall liegt der Arm im spitzen Winkel am Körper; die Beine werden gestreckt; Füße etwa in Höhe des Kopfes. Die rechte Hand liegt an der rechten Körperseite.

Das Fallen rückwärts
wird im Judo bei vielen Wurftechniken zur Anwendung kommen. Ein korrektes Einstudieren dieser Form ist daher unumgänglich. Auch hier wieder — für Anfänger — Beginn aus der Hocke. Der Schüler hält nun beide Arme gestreckt vor sich, setzt sich kurz hinter seinen Fersen auf die Matte und rollt zurück. Beide Arme schlagen auch hier wieder kräftig auf die Matte und mildern die Wucht des Falls, die erst bei einem schnellen Wurf voll zur Geltung kommt. Wie bei dem zuvor beschriebenen Fall auch hier wieder Arme im spitzen Winkel am Körper; Füße in Höhe des Kopfes. Die Augen schauen auf den Gürtelknoten, damit ein Aufschlagen des Hinterkopfes vermieden wird. Die Knie sind durchgedrückt; die Zehen angezogen.

*

Hat der Judoschüler diese drei Grundformen der Fallschule gelernt, kann er — nach einigen Wochen — schon zu schwereren Übungen übergehen. Er kann die Rolle vorwärts, z.B. ohne das unterstützende Aufsetzen der linken Hand oder gar als freien Überschlag mit anschließendem Liegenbleiben ausführen; oder die Fallschule seitwärts aus dem Stand, evtl. verbunden mit einem kleinen Sprung und schließlich die Fallübung rückwärts aus dem Stand oder aus der Hocke mit Rolle rückwärts oder ebenfalls aus einem kleinen Sprung.

18

19

20

Bild 18: Nochmals die Rolle vorwärts in den einzelnen Phasen. Hier: Ausgangsstellung.
Bild 19: Die Rolle vorwärts; Beine gespreizt; der linke Arm holt aus zum Abschlag auf der Matte.
Bild 20: Das Liegenbleiben nach erfolgter Rolle.

Bild 21: Rechter Arm und rechtes Bein holen etwas Schwung zum Fallen seitwärts.

Bild 22: Fallen seitwärts; liegende Position.

Bild 23: Fallen rückwärts aus der Hocke.

Bild 24: ... und kurzes Liegenbleiben.

2. Wurftechnik (Nage-waza)
Demonstration von vier Wurftechniken nach eigener Wahl aus der Bewegung, z.B. aus dem 5. Kyu.

Ashi-waza
De-ashi-barai
(Fußfegen)
1. Gruppe, 1. Wurf

26

27

Bild 26: Tori geht links zurück, um den Fußwurf De-ashi-barai einzuleiten. Uke folgt, indem er rechts einen Schritt nach vorne geht.

Bild 27: Uke macht einen Schritt links vor. Tori geht mit dem rechten Fuß, einen Halbkreis beschreibend, zurück. Tori zieht nun Ukes rechten Arm nach vorne. Dadurch wird Uke veranlaßt, mit dem rechten Fuß vorzukommen. Das vorkommende rechte Bein Ukes wird nun mit der Fußsohle von hinten nach vorne gefegt.

28

29

Bild 28: Wichtig!

1. Toris Bein hat die meiste Kraft, wenn es gestreckt ist. Hüfte und Oberkörper unterstützen das Fegen.
2. Es trifft nur die Fußsohle.
3. Nach dem Werfen sollte die rechte Hand Toris den rechten Arm Ukes fassen, und so den Fall abbremsen.

Bild 29: Uke fällt auf seine linke Seite. Der Fall wird von Tori mit dem rechten Arm abgebremst (siehe großes Bild links).

Ashi-waza
Hiza-guruma
(Knierad)
1. Gruppe, 2. Wurf

Bild 31: Uke geht rechts zurück, Tori folgt links vorwärts.

Bild 32: Tori geht rechts vor und dreht sich dabei nach links. Gleichzeitig wird aus dem Druck beider Arme ein Zug nach vorne, zur Einleitung des Hiza-guruma.

Bild 33: Der Fußansatz beim Hiza-guruma.

Bild 34: Tori blockiert mit seiner linken Fußsohle (seitlich am Knie) das nun wieder nach vorne kommende rechte Bein von Uke. Die rechte und linke Hand Toris ziehen bzw. drücken gleichzeitig, während sich Tori auf dem rechten Ballen noch weiter nach links dreht, so daß Uke zu einer Fallübung vorwärts gezwungen wird (siehe großes Bild links).

Ashi-waza
Sasae-tsuri-komi-ashi
(Hebezug-Fußhalten)
1. Gruppe, 3. Wurf

Bild 36: Beim Sasae-tsuri-komi-ashi geht Uke rechts einen Schritt zurück, Tori folgt mit einem halben Schritt links.

Bild 37: Tori geht rechts vor, dreht sich dabei auf dem rechten Fußballen nach links und wirft Uke mit der linken Fußsohle (am rechten Schienbein), wobei er mit der rechten Hand hebt und stützt und mit der linken Hand zieht.

Bild 38: Tori blockiert mit seiner Fußsohle das rechte Schienbein Ukes, knapp über dem Fußgelenk.

Wichtig:

1. Toris Körper ist gestreckt. Er darf nicht in der Hüfte eingeknickt werden.
2. Die Stelle des rechten Fußes muß je nach eigener Körpergröße geändert werden: »großer Tori außerhalb der Beine von Uke« und »kleine Tori zwischen den Beinen von Uke«.
3. Ausschlaggebend ist die gleichzeitige Aktion der Hände und die Körperdrehung.

Bild 39: Uke fällt auf seine linke Seite.

Koshi-waza
Uki-goshi
(Hüftschwung)
1. Gruppe, 4. Wurf

Bild 41: Tori und Uke stehen — zur Ausführung des Uki-goshi — in der Grundstellung.

Bild 42: Tori zwingt Uke durch einen kräftigen Zug der rechten Hand (am linken Revers) links vorzukommen, setzt aber seinen Fuß vor den rechten Fuß von Uke. Gleichzeitig führt Tori den rechten Arm um die Hüfte Ukes. Tori zieht mit der linken Hand den rechten Arm von Uke auf den eigenen Bauch zu, während er den linken Fuß im Halbkreis nach hinten setzt.

Bild 43: Wichtig!

1. Da Uke nicht ausgehoben wird, braucht Tori nicht tief in die Knie zu gehen.
2. Es wird nur durch die Drehung der Hüfte geworfen.

Bild 44: Durch diese Drehung wird Uke nach vorne geworfen.

Ashi-waza
O-soto-gari
(Große Außensichel)
1. Gruppe, 5. Wurf

Bild 46: O-soto-gari, rechte Ausgangsposition. Uke geht links zurück, Tori folgt rechts. Während Uke mit dem rechten Bein zurückgeht, muß Tori mit dem linken etwas schneller folgen und gleichzeitig den rechten Arm Ukes zu dessen rechter Ferse nach unten ziehen.

Bild 48: Ukes rechtes Bein wird von Tori mit dem rechten Bein weggesichelt. Oberschenkel an Oberschenkel. Toris Oberkörper beugt sich nach vorne und nimmt den Oberkörper von Uke mit nach hinten.

Wichtig:

1. Tori darf beim Ansatz des Wurfes kein Hohlkreuz machen, deshalb preßt er sein Kinn fest auf die

Bild 47: Toris und Ukes rechte Körperseite haben engen Kontakt miteinander. Tori drückt mit der auf Ukes Brust liegenden rechten Hand diesen nach hinten, wodurch dessen Gleichgewicht nach hinten rechts gebrochen wird, da er nun hauptsächlich auf dem rechten Bein steht.

Brust (Sonst Kontergefahr!)

2. Außerdem muß beim Sicheln das rechte Bein von Tori bis in die Zehenspitzen gestreckt sein.

Bild 49: Uke wird nach hinten geworfen.

50

Koshi-waza
O-goshi
(Großer Hüftwurf)
1. Gruppe, 6. Wurf

Bild 51: Tori und Uke stehen beim O-goshi in der linken Vorwärtsposition.
Bild 52: Tori geht links zurück, Uke folgt rechts. Unter gleichzeitigem Zug des rechten Armes umfaßt Tori die Hüfte von Uke.

Bild 53: Tori setzt sein linkes Bein nach hinten zwischen die Beine Ukes...

Bild 54: ... und wirft ihn über seine rechte Hüfte.

Wichtig:

1. Der Oberkörper Toris muß immer Kontakt mit dem Oberkörper Ukes haben.
2. Der Wurf ist wirkungslos, wenn der Oberkörper abgeknickt ist, ohne den Oberkörper von Uke mitzunehmen.
3. Tori steht mit gebeugten Knien zwischen den Beinen Ukes.

Ashi-waza
O-uchi-gari
(Große Innensichel)
1. Gruppe, 7. Wurf

Bild 56: O-uchi-gari. Aus der normalen Grundstellung geht Tori links zurück, Uke folgt rechts.

Bild 57: Uke kommt nun durch einen kräftigen Zug der rechten Hand Toris am Revers mit dem linken Bein vor.

Bild 58: Wurfansatz beim O-uchi-gari.

Wichtig:

1. Oft fällt Tori mit und drückt dabei mit der Hand und dem Oberkörper nach, bis Uke liegt (siehe großes Bild).
2. Die Hüfte von Tori darf nicht abgeknickt werden.

Bild 59: Tori sichelt (Wade an Wade) mit dem rechten Bein, in einer großen Kreisbewegung, das linke Bein Ukes nach vorn außen weg und drückt gleichzeitig mit dem rechten Unterarm in die Richtung, in die Uke fallen soll.

Te-waza
Seoi-nage
(Schulterwurf)
1. Gruppe, 8. Wurf

Bild 61: Beim Seoi-nage löst Tori seine rechte Hand, bringt seinen Oberarm unter die rechte Achselhöhle Ukes und zieht konstant den rechten Arm Ukes nach vorn.

Bild 62: Wichtig! Der tiefe Stand von Tori zwischen den Beinen von Uke.

Bild 63: Tori setzt seinen linken Fuß im Halbkreis nach hinten und steht in einer leichten Kniebeuge zwischen den Beinen Ukes.

Bild 64: Tori wirft Uke durch gleichzeitiges Strecken der Knie, durch Wegstoßen mit dem Gesäß und Ziehen beider Hände, genau vor sich.

Wichtig:

1. Ukes Gleichgewicht muß gut nach vorne gebrochen sein.
2. Der Zug der linken Hand darf keinen Augenblick nachlassen.
3. Beim Üben wird das Kinn auf die Brust gepreßt, dadurch wird ein Hohlkreuz vermieden.

3. Bodentechnik (Katame-waza)

Demonstration von je einer Technik aus den vier Haltetechnikgruppen Kesa-gatame, Kami-shiho-gatame, Yoko-shiho-gatame und Tate-shiho-gatame.

Wichtig: Bei allen Haltegriffen befindet sich Uke in der Rückenlage.

Bild 65: Kesa-gatame (Schärpenschlüssel) Grundform:
Tori befindet sich in der Seitenlage und klemmt mit seinem linken Arm Ukes rechten Arm ein, außerdem kontrolliert er mit seinem rechten Arm Kopf und Nacken. Tori liegt schräg auf dem Rumpf von Uke. Toris Beine sind gespreizt. Das linke Knie wird gebeugt und das rechte Knie wird unter die rechte Schulter Ukes gedrückt, der Kopf von Tori wird dabei gesenkt.

Wichtig:
1. Tori muß Uke von der Seite her belasten. Er darf sich nicht auf ihn legen.
2. Der eingeklemmte Arm von Uke darf nicht losgelassen werden.

Bild 66: Kami-shiho-gatame (Oberer Viererschlüssel) Grundform:
Den auf dem Rücken liegenden Uke belastet Tori von dessen Kopfseite her mit der Brust. Mit beiden Händen greift er unter Ukes Schultern hindurch in dessen Gürtel und klemmt dabei die Arme ein. Tori kontrolliert Uke, in dem er ihn fest heranzieht, seine Brust fest nach unten drückt und auch das Kinn einsetzt. Die Beine Toris können angewinkelt oder gestreckt sein (sie müssen auf jeden Fall gespreizt sein). Dies hängt von den Befreiungsversuchen Uke ab.

Wichtig:
1. Die Belastung von Ukes Schulter und Brust.
2. Der Druck mit dem Kopf.
3. Das Einklemmen beider Arme.
4. Die Veränderung der Beinstellung.
5. Das Beibehalten der Position zum Partner (Tori bildet mit Uke eine Linie).

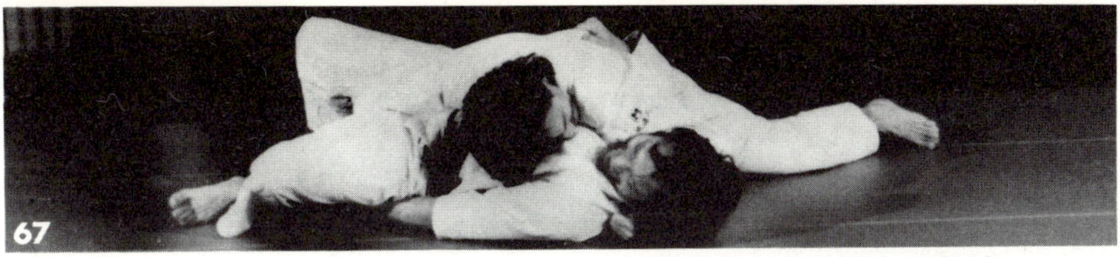

Bild 67: Yoko-shiho-gatame (Seitlicher Viererschlüssel) Grundform:
Tori liegt im rechten Winkel zu Uke und belastet ihn dabei von der Seite her mit seiner Brust. Seine linke Hand greift unter den Kopf in den Kragen und mit der rechten Hand, zwischen den Beinen Ukes hindurch, dessen Gürtel oder Jacke. Hierbei wird wieder die Beinstellung beim Halten entsprechend Ukes Befreiungsversuchen verändert. Entweder werden beide Beine gegrätscht ausgestreckt oder sie sind angewinkelt, wobei mit dem linken Knie Ukes rechte Schulter und mit dem rechten Knie Ukes rechte Hüfte blockiert werden muß.

Wichtig:

1. Tori liegt im rechten Winkel zu Uke.
2. Er muß mit beiden Armen gut festhalten.
3. Der Kopf Ukes wird leicht angehoben.
4. Tori muß seinen Kopf fest auf Ukes Bauch drücken.
5. Tori muß die rechte Hüfte Ukes gut kontrollieren.
6. Tori muß seinen eigenen Schwerpunkt tief halten. Er sollte mit dem Bauch bzw. Gürtel auf der Matte liegen.

Bild 68: Tate-shiho-gatame (Reitvierer-Schlüssel) Grundform:
Tori sitzt im Reitsitz auf Uke und belastet ihn mit seinem Oberkörper. Kopf und Arm Ukes werden zwischen Toris rechter Schulter und Kopfseite eingeklemmt und so blockiert. Beide Hände Ukes greifen ineinander.
Ukes Schultergürtel und Hüfte werden blockiert, indem Tori sein Becken senkt und Uke mit dem ganzen Körpergewicht belastet. Diese Wirkung wird verstärkt, wenn Tori seine Oberschenkel fest gegen Ukes Hüfte preßt und seine Füße unter die Oberschenkel von Uke schiebt (Variante: Tori kann auch seine Füße in Schienbeinhöhe bei Uke einhängen und ihn so festhalten).

4. Bewegungsaufgabe
Zwei verschiedene Wechsel von einem Haltegriff in einen anderen unter Ausnutzung der Befreiungsversuche von Uke.

Wechsel Nr. 1: Kesa-gatame in Kami-shiho-gatame.

Bild 69: Tori hält mit Kesa-gatame. Uke versucht seinen eingeklemmten rechten Arm zu befreien.

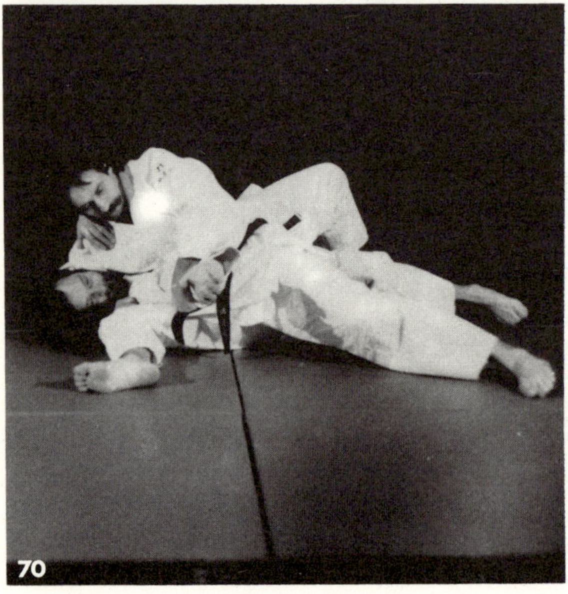

Bild 70: Tori gibt diesem Bemühen nach und führt mit seiner linken Hand (auf dem Ellenbogen), Ukes rechten Arm quer über dessen Brust und Oberkörper. Gleichzeitig wechselt er mit dem linken Bein von hinten nach vorne...

Fortsetzung von Seite 46:

Bild 71: ... so daß er in die Bauchlage kommt. Tori fixiert Ukes Arm zwischen seinen Beinen und Ukes Oberkörper.

Bild 72: Tori greift nun über die linke Schulter Ukes in dessen Gürtel.

Bild 73: Dabei löst er den Griff der rechten Hand (während Uke seinen rechten Arm nach unten freimacht) und faßt damit Ukes Gürtel. Tori hält jetzt mit Kami-shiho-gatame.

Wechsel Nr. 2: Tate-shiho-gatame in Yoko-shiho-gatame.

Bild 74: Tori hält mit Kuzure-Tate-shiho-gatame.

Bild 75: Uke dreht sich nach links; Tori stemmt sich mit dem Oberkörper dagegen. Versucht Uke nun nach rechts zu drehen, dann wechselt Tori mit seinem linken Bein und liegt jetzt auf dem Bauch an Ukes linker Seite.

Bild 76: Gleichzeitig löst er die linke Stützhand (von der Matte) und greift zwischen den Beinen Ukes hindurch dessen unteren rechten Jackenrand. Tori hält Uke jetzt im Yoko-shiho-gatame.

Alles für den orangenen Gürtel, 4. Kyu-Grad (Yon-Kyu)

Aus der Prüfungsordnung für Judo-Kyu-Grade (Schülergrade) des Deutschen Dan-Kollegiums e.V.

Für den orangenen Gürtel werden verlangt:

1. **Falltechnik (Ukemi)**
   a) Fallen seitwärts (rechts und links)
   b) Fallen rückwärts
   c) Fallrolle vorwärts (rechts und links) mit anschließendem Liegenbleiben
2. **Wurftechnik (Nage-waza)**
   Demonstration von acht Wurftechniken nach eigener Wahl aus der Bewegung. Es soll mindestens je eine Technik aus den Wurfgruppen Te-waza, Ashi-waza, Koshi-waza, z.B aus dem 5. und 4. Kyu gezeigt werden.
3. **Bodentechnik (Katame-waza)**
   Demonstration von je einer Technik aus den Würgetechnikgruppen: Juji-jime und Hadaka-jime sowie den Hebeltechnikgruppen Juji-gatame und Ude-garami.
4. **Bewegungsaufgabe**
   Vier verschiedene Befreiungsmethoden aus Haltegriffen unter Ausnutzung der Bewegung des Partners anwenden.
5. **Randori**

   Ein Stand-Randori.

   Ist ein Prüfling nicht älter als 10 Jahre, so kann bei der Prüfung zum 4. Kyu-Grad statt der geforderten Würge- und Hebeltechniken aus dem Programm für den 2. Kyu die Aufgabe »Demonstration von je drei Techniken und Befreiungstechniken aus einer Haltetechnikgruppe« geprüft werden.

2. Wurftechnik (Nage-waza)
Demonstration von acht Wurftechniken nach eigener Wahl aus der Bewegung. Es soll mindestens je eine Technik aus den Wurfgruppen Te-waza, Ashi-waza und Koshi-waza, z.B. aus dem 5. und 4. Kyu gezeigt werden.

Ashi-waza
Ko-soto-gari
(Kleine Außensichel)
2. Gruppe, 1. Wurf

Bild 78: Ko-soto-gari. Aus der links-Vorwärtsposition kommt Uke rechts vor.

Bild 79: Tori dreht sich mit seinem rechten Bein nach rechs und zieht mit seinem linken Arm Ukes rechten Arm nach hinten.

Bild 80: Durch Druck der rechten und Zug der linken Hand wird gleichzeitig das rechte Bein Ukes mit der Fußsohle an der Ferse von hinten nach vorne weggesichelt.

Bild 81: Uke fällt auf seine linke Seite.

Ashi-waza
Ko-uchi-gari
(Kleine Innensichel)
2. Gruppe, 2. Wurf

Bild 83: Tori geht beim Ko-uchi-gari rechts zurück; Uke folgt links. Tori zieht stark am rechten Arm von Uke und zwingt ihn so zu einem etwas größeren Schritt nach vorn. Tori setzt seinen eigenen linken Fuß im Halbkreis zurück.

Bild 84: Uke wird durch den sich nach vorne legenden Tori nach hinten aus dem Gleichgewicht gebracht.

Bild 85: Dabei zieht die linke Hand Toris den rechten Arm von Uke nach hinten und unten. Ukes rechte Ferse wird mit der Sohle von hinten nach vorn weggesichelt.

Bild 86: Tori fällt mit und wirft auf diese Weise Uke (siehe auch großes Bild links).

87

Koshi-waza
Koshi-guruma
(Hüftrad)
2. Gruppe, 3. Wurf

Bild 88: Für den Koshi-guruma geht Tori aus der linken Vorwärtsposition links zurück, Uke folgt rechts. Tori zieht kurz mit der rechten Hand und löst dann den Griff am Revers.

Bild 89: Uke kommt auch links vor. Tori geht nicht zurück, sondern mit seinem rechten Fuß vor den rechten Fuß von Uke. Tori umfaßt mit dem rechten Arm den Nacken von Uke.

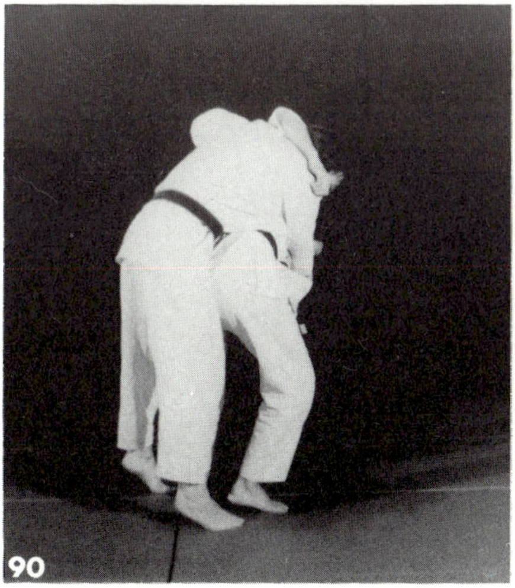

Bild 90: Tori schiebt seine Hüfte weit durch und lädt, unterstützt durch den Zug mit der linken Hand, Uke quer auf seinen Rücken auf.

Bild 91: Tori wirft, indem er seinen Oberkörper nach vorne beugt und dreht.

Wichtig:

1. Toris Knie bleiben während der ganzen Aktion leicht gebeugt.
2. Die Knie dürfen beim Ausheben nicht gestreckt werden.

Koshi-waza
Tsuri-komi-goshi
(Hebezug-Hüftwurf)
2. Gruppe, 4. Wurf

Bild 93: Tsuri-komi-goshi. Aus der normalen Grundstellung geht Uke rechts zurück, Tori folgt rechts und zieht mit der linken Hand nach vorne. Dabei legt er den rechten Unterarm auf die Brust von Uke und drückt mit dem Ellenbogen unter die linke Achselhöhle.

Bild 94: Tori setzt den linken Fuß im Halbkreis nach hinten, so daß er mit beiden Beinen zwischen den Beinen Ukes steht. Uke blockiert mit dem Bauch Toris Hüfte, d.h. Uke bleibt gerade (aufrecht) stehen.

Bild 95: Toris rechter Unterarm legt sich auf die Brust Ukes, drückt mit dem Ellenbogen unter die linke Achselhöhle von Uke und zieht ihn nach oben vorne aus dem Gleichgewicht. Toris Hüfte sperrt tief zwischen den Oberschenkeln von Uke.

Bild 96: Tori zieht nun Ukes rechten Arm auf seinen Bauch und führt die rechte Hand weiter nach vorne in einer großen Kreisbewegung. Durch kraftvolles Strecken der gebeugten Knie wird Uke geworfen.

97

Ashi-waza
Okuri-ashi-barai
(Fußnachfegen)
2. Gruppe, 5. Wurf

Bild 98: Beim Okuri-ashi-barai bewegen sich Uke und Tori seitlich.

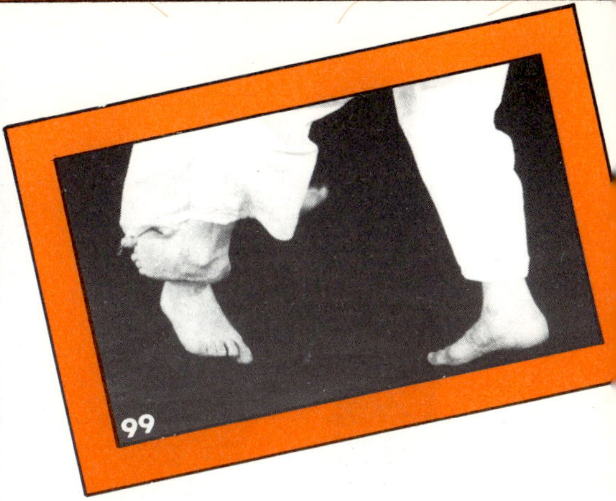

Bild 99: Tori stemmt sich mit dem rechten Bein in die Matte, Knie gebeugt und folgt mit der linken Fußsohle dem rechten Knöchel von Uke in Richtung auf Ukes linken Fuß.

Bild 100: Tori lehnt sich zurück und hebt mit beiden Händen (Handflächen nach oben zeigend) den seitlich aus dem Gleichwicht geratenen Uke aus.

Bild 101: Auf dem Höhepunkt der Bewegung wird Uke durch herunterziehen des linken Armes auf seine linke Seite geworfen.

Te-waza
Tai-otoshi
(Körperwurf)
2. Gruppe, 6. Wurf

Bild 103: Tai-otoshi. Uke geht rechts zurück, Tori folgt ebenfalls rechts und zieht mit beiden Händen Uke nach vorne.

Bild 104: Tori verstärkt den Zug der linken Hand nach vorne und legt gleichzeitig den rechten Unterarm unter die linke Achselhöhle Ukes und dreht sein linkes Bein im Halbkreis nach hinten.

Bild 105: Tori stellt sein rechtes Bein (Fußballen aufsetzend) nach außen. Wenn Uke mit seinem Schwerpunkt schon über dem rechten Bein ist, wirft Tori durch strecken seines rechten Beines und drehen des ganzen Körpers nach links.

Bild 106: Toris linker Fuß kann auch in die gleiche Richtung zeigen wie Ukes rechter Fuß. Der Niederwurf ist dann unvermeidlich.

107

Koshi-waza
Harai-goshi
(Hüftfegen)
2. Gruppe, 7. Wurf

Bild 108: Harai-goshi. Durch Toris kräftigen Zug mit dem linken Arm wird Uke gezwungen, mit dem rechten Bein ebenfalls vorzukommen.

Bild 109: Tori unterstützt das Gleichgewichtsbrechen der linken Hand durch heben und drücken mit seinem rechten Arm. Unterarm (Ellenbogen) unter der Achselhöhle von Uke. Uke holt kräftig Schwung mit dem rechten Bein. Die Zehen sollen dabei nach unten gestreckt sein.

Bild 110: Wenn Uke nach vorne aus dem Gleichgewicht gebracht ist, fegt Tori kräftig mit dem rechten gestreckten Bein nach hinten und hebt Uke aus.

Bild 111: Tori wirft Uke so über die rechte Hüfte auf die linke Seite.

Ashi-waza
Uchi-mata
(Schenkelwurf)
2. Gruppe, 8. Wurf

Bild 113: Uke geht beim Uchi-mata rechts zurück; Tori folgt ebenfalls rechts, unter gleichzeitigem Zug beider Hände nach vorne.

Bild 114: Tori verstärkt den Zug der linken Hand nach vorne und legt seinen rechten Unterarm unter die linke Achselhöhle von Uke. Dabei geht er mit dem linken Bein im Halbkreis nach hinten und setzt es hinter seine rechte Ferse.

Bild 115: Tori schwingt sein rechtes Bein zwischen den Beinen von Uke hindurch, so daß der hintere Oberschenkel und das Gesäß Ukes rechten Oberschenkel und Bauch nach hinten wegschlagen.

Bild 116: Im gleichen Maße, wie sich Toris Oberkörper nach vorne beugt, geht sein rechtes Bein nach hinten hoch, unter Beibehaltung des engen Kontaktes mit dem Oberkörper von Uke.

3. Bodentechnik

Demonstration von je einer Technik aus den Würgetechnikgruppen Juji-jime und Hadaka-jime sowie aus den Hebeltechnikgruppen Juji-gatame und Ude-garami.

Würgetechnik Juji-jime (Kreuzwürgen)

Bild 117: Uke befindet sich in der Rückenlage. Tori greift mit seiner linken Hand unter Ukes rechte Achselhöhle hindurch in Ukes linkes Revers (Daumen außen). Mit der rechten Hand ergreift er die Jacke auf Ukes rechter Schulter.

Bild 118: Tori hält diesen Griff und legt sich neben Uke auf den Rücken. Rollt dieser nach vorne über, dann macht Tori eine plötzliche Drehbewegung, um auf ihm zu liegen zu kommen.

Bild 119: Die Wirkung des Würgens ist dann am größten, wenn das ganze Körpergewicht von Tori auf dem rechten Unterarm von Uke lastet!

117

118

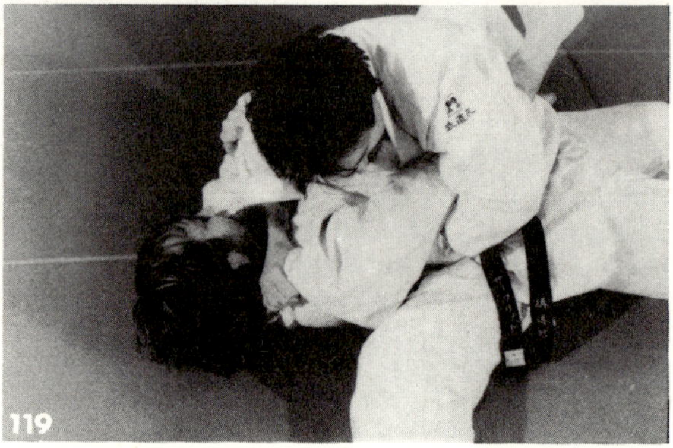
119

Würgetechnik Hadaka-jime (Freies Würgen).

Bild 120: Uke befindet sich in der Bauchlage. Uke wird im Kragen und am Gürtel gefaßt. Während Tori ihn nach oben zieht, schwingt er sein Bein über ihn. Tori drückt seine Fersen zusammen.

Bild 121: Tori rollt sich über die rechte Seite auf den Rücken, dabei löst er den Griff der rechten Hand und umfaßt im Rollen Ukes Hals von hinten.

Bild 122: Noch im Fallen ergreift Tori mit der linken Hand seine eigene rechte Hand und preßt Ukes Hals zwischen seiner eigenen rechten Schulter, seinem Kopf und seinem rechten Arm ein; während er ihn mit den Beinen gut kontrolliert.

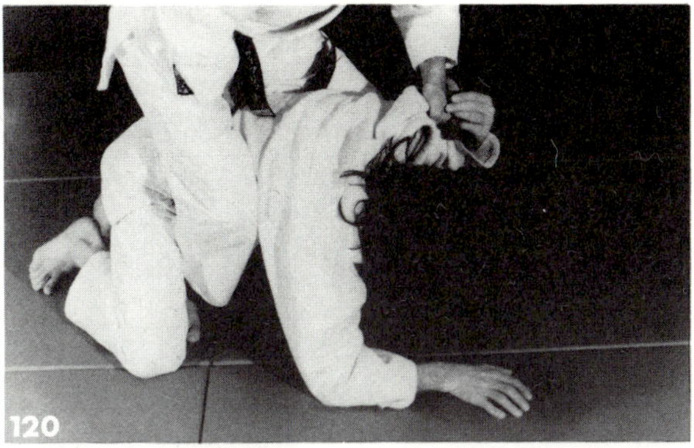

120

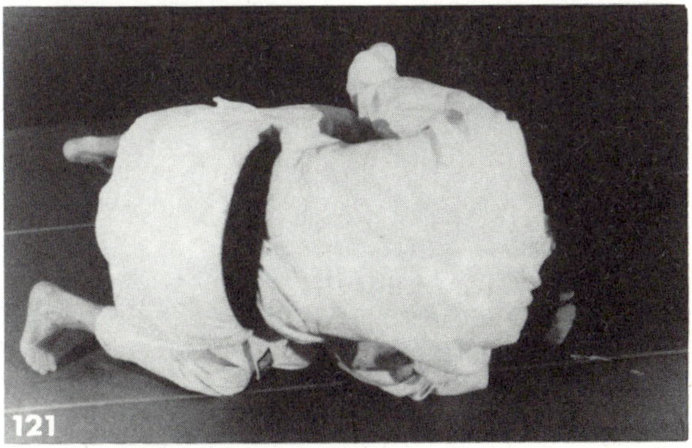

121

122

Hebeltechnik Juji-gatame (Streckhebel)

Bild 123: Uke greift Tori zwischen den Beinen an. Tori greift Ukes Hosenbein in Kniehöhe und fixiert dessen rechten Arm.

Bild 124: Tori drückt sein rechtes Bein unter die linke Achselhöhle Ukes, während er mit seiner linken Hand Ukes rechten Arm heranzieht. Gleichzeitig hebt er mit der rechten Hand Uke nach oben und zur Seite.

Bild 125: Uke rollt auf den Rücken, dabei schwingt Tori sein linkes Bein über den Kopf Ukes.

Bild 126: Uke schließt sofort die Beine indem er seine beiden Oberschenkel fest zusammenpreßt und hebelt mit Juji-gatame.

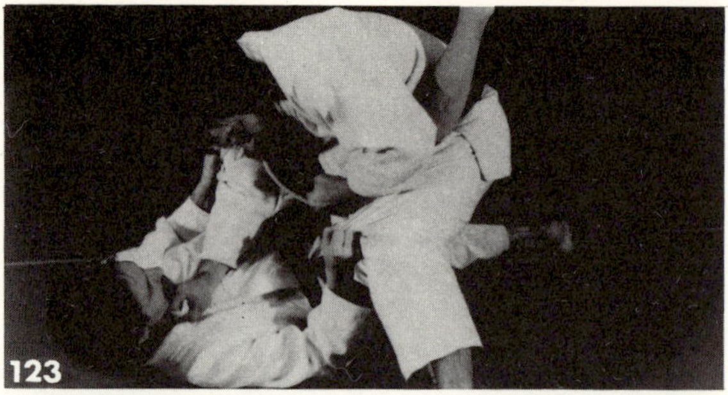

127

Hebeltechnik Ude-garami (Beugehebel)

Bild 127: Tori liegt mit seiner Brust auf Uke. Mit seiner rechten Hand faßt er Ukes rechtes Handgelenk und winkelt den Arm an. Seine linke Hand schiebt er unter Ukes Arm hindurch und faßt sein eigenes rechtes Handgelenk.

128

Bild 128: Gehebelt wird, wenn Ukes Ellenbogen herangezogen und beim Anheben gedreht wird.

Auf der nächsten Seite zeigt Meister Kawaishi aus Paris eine Variante des Beugehebels Ude-garami.

Tsunetani Oda (9. Dan), der größte Bodentechniker der Welt, sagt, was in der Judo-Bodenarbeit von ausschlaggebender Wichtigkeit ist:

„Für die Verteidigung in der Bodenlage besteht das Haupterfordernis darin, daß man in der Rückenlage die Form einer Kugel annimmt, wie eine Raupe, die sich einrollen und strecken kann, wie es die jeweilige Situation erfordert. Wenn Du den Rücken bewegst, sollen sich die Beine ebenfalls entsprechend bewegen, damit auch dort kein Griff angesetzt werden kann. Dasselbe versteht sich bezüglich der Arme, die in ihren Bewegungen ebenfalls entsprechend eingesetzt werden müssen. Wenn der Gegner versucht, bei uns einen Festhaltegriff anzusetzen, müssen wir uns bemühen, daß es ihm nicht gelingt, einen für ihn wichtigen Punkt unseres Körpers zu erfassen (Hals, Schultergelenk, Schulterblatt usw.) Das erreichen wir dadurch, daß wir uns kraftvoll und wirksam in der vorgeschriebenen Weise bewegen."

Bild 129: Mikinosuke Kawaishi, 8. Dan (Paris) bei der Demonstration des Beugehebels Ude-garami (mit Meister Awazu).

4. Bewegungsaufgabe

Hier sind vier verschiedene Befreiungsmethoden aus Haltegriffen anzuwenden, unter Ausnutzung der Bewegung des Partners.

Befreiungsversuch Nr. 1 aus Kesa-gatame

Bild 130: Tori stößt Uke mit dem Bauch nach oben in Richtung seines eigenen Kopfes, um mit dem rechten Oberschenkel unter Uke zu kommen.

Bild 131: Den Widerstand Ukes ausnutzend geht Tori schwungvoll in die Brücke und dreht sich auf dem Kopf nach links. Uke wird über den Kopf nach links gerollt.

Bild 132: Tori hält nun selbst mit Kesa-gatame.

130

131

132

Befreiungsversuch Nr. 2 aus Kami-shiho-gatame

Bild 133: Tori versucht Uke zur rechten Seite zu drehen.

Bild 134: Tori nutzt die Reaktion aus, um Uke, unterstützt durch die Drehung in der Hüfte und durch die Beinarbeit, zur anderen Seite zu drehen.

Bild 135: Tori hält nun seinerseits Uke im Kami-shiho-gatame.

133

134

135

Befreiungsversuch Nr. 3 Aus Yoko-shiho-gatame

Bild 136: Uke hält mit Yoko-shiho-gatame. Der linke Unterarm Toris drückt den Kopf Ukes nach unten.

Bild 137: Tori drückt mit dem linken Bein den Kopf weiter nach unten. Der linke Arm des Haltenden wird gestreckt und könnte mit Ude-gatame gehebelt werden.

Bild 138: Tori schließt nun das Dreieck bestehend aus linkem Unterschenkel, linkem Oberschenkel und rechtem Oberschenkel und kontrolliert so den Kopf und einen Arm Ukes.

Bild 139: Tori richtet sich auf, dreht sich selbst zur Matte hin und hält jetzt mit Kami-sankaku-gatame.

Befreiungsversuch Nr. 4 aus Tate-shiho-gatame

Bild 140: Uke hält mit Tate-shiho-gatame. Tori schiebt Uke schwungvoll nach oben. Gleichzeitig dreht er sich nach rechts und erfaßt das linke Hosenbein am Oberschenkel.

Bild 141: Den Widerstand Ukes ausnutzend dreht sich Tori — eine Brücke bauend — plötzlich nach links und rollt Uke kraftvoll über sich.

Bild 142: Uke liegt nun auf dem Rücken und wird von Tori mit Mune-gatame gehalten.

140

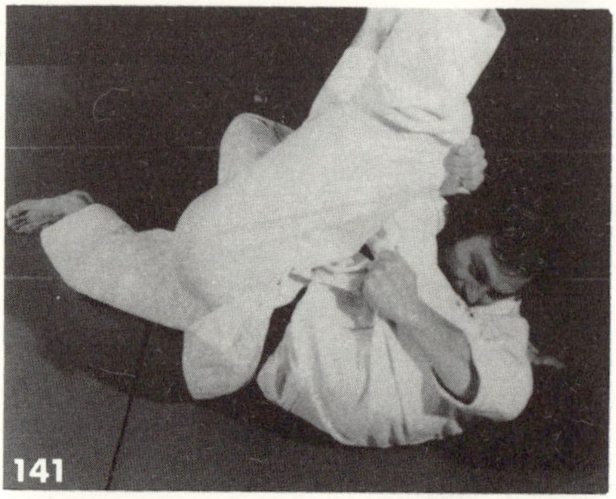
141

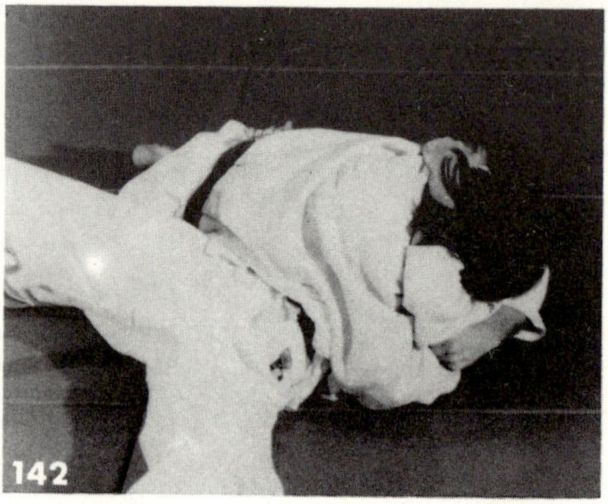
142

Zusätzlicher Befreiungsversuch Nr. 5 aus Kesa-gatame

Bild 143: Tori (der im Kesa-gatame gehalten wird) macht fast eine Rolle rückwärts, um mit den Beinen kräftig Schwung zu holen. Er faßt mit der linken Hand hinter dem linken Bein den Kragen von Ukes Jacke.

Bild 144: Durch schwungvolles Nach-vorn-Schaukeln, unterstützt durch die Beine, setzt sich Tori auf und legt den immer noch haltenden Uke auf dessen eigenen Rücken. Er kann nun selbst mit Kesa-gatame halten.

143

144

Judo

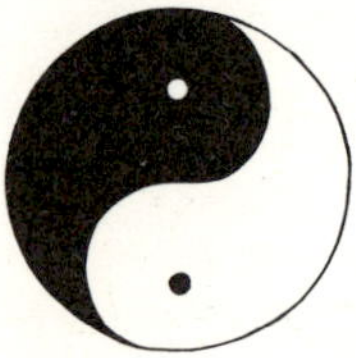

Der zweifelhafte Versuch einer Sinnerklärung

Judo ist ein aus zwei bedeutsamen Silben bestehendes Wort mit vier Buchstaben. Was steckt dahinter? Eine typisch westliche und äußerst simple Erklärung bezeichnet „JU" als sanft und geschmeidig und „DO" als Weg oder Grundsatz. Daraus resultiert die vermeintliche Erklärung des „sanften Weges". Man macht es sich damit aber etwas zu leicht. – Die asiatischen Versionen nennen Judo ohne Aufhebens schlicht „auch als Sport" und geben ihm fast nebenbei ein philosophisches Gepräge. Schon das gibt zu denken. Der Europäer geht zwar mit dem Intellekt, also verstandesmäßig, nicht aber tiefenpsychologisch so weit und macht aus Judo lediglich einen Sport „par excellence", ohne sich um diese leichte Anmaßung näher zu kümmern. Der Amerikaner anerkennt Judo (martial art) gar als feudale Kriegskunst und übernimmt sie ohne Furcht und Tadel kompromißlos in Spezialtrupps seines Militärs. – So stimmen die Champions aus dem Fernen Osten mit den Fightern der Universitäten von Latein-Amerika und die Judo-Elitetruppen der US-Air-Force mit allen sonstigen Judo-Organisationen der Welt mehr oder weniger grundsätzlich darin überein, daß der „sanfte Weg des Nachgebens" vorerst einmal eine exklusive Allround-Sportart ist. Reich an zeremonieller Tradition und einem unvergleichlichen Ehrenkodex formt sie gleichzeitig, über ein körperliches Geschehen hinaus, nicht minder auch Geist und Seele. Und im Laufe der westlichen Emanzipationen gesellen sich zu den ethischen Moralprinzipien des Begründers Kano gleichberechtigt auch die abendländischen Vorstellungen über Mut, Sicherheit, Selbstvertrauen, Überwindung und Bescheidenheit. – So wurde aus dem fachsimpelnden Judo-Schüler der zwanziger Jahre ein stolzer, olympisch anerkannter und moderner Sportler, der bereit ist Opfer zu bringen, und von dem man heute, wie aus zenistischen Gründen, nur den einen Tribut abverlangt, den des interessierten und pflichtgetreuen Trainings. – Auch der geistig weniger strebsame Judoausübende hat außer diesen Gaben dann immer noch den Vorteil, dem Judosport zumindest nur aus dem praktischen Anlaß der waffenlosen Selbstverteidigung zu huldigen, oder allzu einfach aus dem Grunde des gewichtsverzehrenden Ausgleichs für beruflich einseitige Arbeit. Trotzdem kann auch er letztlich immer ein mit der tieferen Intuition des DO verbundener Judo-Enthusiast sein, der um die nebenstehende taoistische Symbolik weiß, die in echt asiatischer Manier besagt, daß nichts . . . nur gut ist und nichts . . . nur böse! Schon mit dieser Einstellung hat er die westliche Bedeutung des „sanften Weges" überschritten.

Alles für den grünen Gürtel, 3. Kyu-Grad (San-Kyu)

Aus der Prüfungsordnung für Judo-Kyu-Grade (Schülergarde) des Deutschen Dan-Kollegiums e.V.
Für den grünen Gürtel werden verlangt:

1. Falltechnik (Ukemi)
Fallen nach allen Seiten.

2. Wurftechnik (Nage-waza)
2.1 Demonstration von 12 Wurftechniken nach eigener Wahl aus der Bewegung (Yakusoku-geiko). Davon sollen mindestens vier Techniken aus dem 3. Kyu und eine Technik aus der Wurfgruppe Sutemi-waza sein.
2.2 Es ist eine Wurfkombination vorzuführen sowie ein Wurf in zwei unterschiedlichen Ausführungen (z.B. Fassarten oder Eingänge) zu demonstrieren.

3. Bodentechnik (Katame-waza)
3.1 Demonstration von je zwei Techniken aus den vier Haltetechnikgruppen: Kesa-gatame, Kami-shiho-gatame, Yoko-shiho-gatame, Tate-shiho-gatame.
3.2 Demonstration von je einer Technik aus den Würgetechnikgruppen: Okuri-eri-jime und Kata-ha-jime.
3.3 Demonstration von je einer Technik aus den Hebeltechnikgruppen: Ude-gatame und Waki-gatame.

4. Bewegungsaufgabe
Einen in Rücken- oder Seitenlage sich verteidigenden Partner mit zwei verschiedenen Methoden angreifen und die Angriffe erfolgreich mit je einer Bodentechnik beenden.

5. Übungskampf (Randori)
Ein Stand- und ein Bodenrandori.

Ist ein Prüfling nicht älter als 10 Jahre, so kann bei der Prüfung zum 3. Kyu-Grad statt der geforderten Würge- und Hebeltechniken aus dem Programm für den 1. Kyu die Aufgabe »Demonstration von je drei Techniken und Befreiungstechniken aus zwei Haltetechnikgruppen« geprüft werden.

2. Wurftechnik (Nage-waza)

2.1 Demonstration von 12 Wurftechniken nach eigener Wahl aus der Bewegung (Yakusoku-geiko). Davon sollen mindestens vier Techniken aus dem 3. Kyu und eine Technik aus der Wurfgruppe Sutemi-waza sein.

Ashi-waza
Ko-soto-gake
(Kleines Einhängen)
3. Gruppe, 1. Wurf

Bild 146: Ko-soto-gake. Uke greift Tori mit Tai-otoshi an. Tori stoppt den Angriff, in dem er seine linke Hand in die rechte Achselhöhle Ukes stemmt und gleichzeitig mit dem rechten Bein über das rechte Bein Ukes steigt.

Bild 147: Dabei dreht er den rechten Fuß in Richtung Ukes unter gleichzeitigem Druck der linken Hand nach hinten.

Bild 148: Dann wird das rechte Bein Ukes unter gleichzeitigem Druck der rechten und linken Hand nach hinten weggehakt, Wade an Wade und Ferse nach oben zeigend.

Bild 149: Wichtig:

1. Tori kann auch wie beim Ko-soto-gari anstatt mit der Wade nur mit der Fußsohle die rechte Wade von Uke wegsicheln.
2. Der Oberkörper von Tori darf nicht abgeknickt werden.

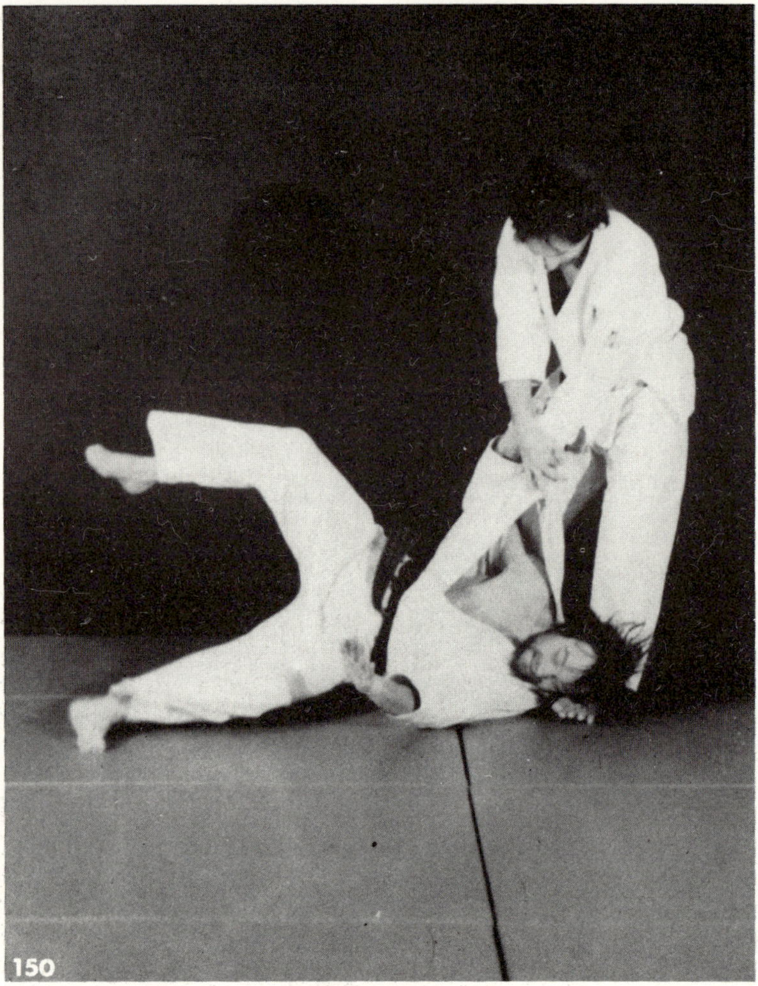

Koshi-waza
Tsuri-goshi
(Hüftzug)
3. Gruppe, 2. Wurf

Bild 151: Zur Ausführung des Hüftwurfes Tsuri-goshi wird das Gleichgewicht von Uke nach rechtsvorwärts gebrochen.

Bild 152: Tori stellt seinen rechten Fuß zwischen die Beine Ukes und greift mit der rechten Hand hinten in den Gürtel.

Bild 153: Durch das Ausstrecken der leicht angewinkelten Beine von Tori wird Uke ausgehoben.

Bild 154: Ein zusätzlicher Zug mit der linken Hand und ein Heben mit der rechten Hand am Gürtel bewirken den Fall Ukes auf seine linken Seite.

Sutemi-waza
Yoko-otoshi
(Seitfallzug)
3. Gruppe, 3. Wurf

Bild 156: Yoko-otoshi. Uke und Tori bewegen sich einen Schritt seitwärts. Beim zweiten Schritt zieht Tori mit der linken Hand nach unten und drückt mit der rechten Hand nach oben. Der Körper von Tori dreht sich etwas nach links. Sein linkes Bein rutscht seitlich am rechten Bein Ukes vorbei.

Bild 157: Uke fällt über das ausgestreckte Bein von Tori und beschreibt eine Fallübung rechts-vorwärts.

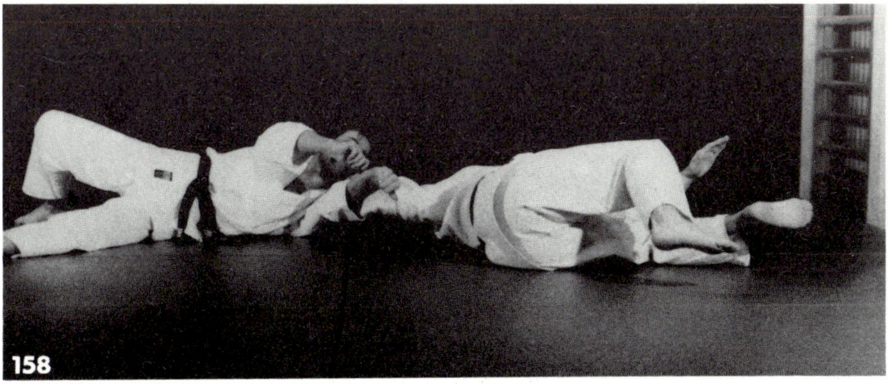

Bild 158: Tori schaut Uke nach. Die Füße Toris bleiben nach erfolgtem Wurf auf der Matte stehen bzw. liegen (siehe auch großes Bild links).

Ashi-waza
Ashi-guruma
(Beinrad)
3. Gruppe, 4. Wurf

Bild 160: Beim Ashi-guruma geht Tori links vor; Uke geht rechts zurück. Tori zieht Uke sofort wieder am rechten Arm nach vorne rechts.

Bild 161: Tori sperrt mit dem rechten Fuß das nach vorne kommende rechte Bein von Uke. Der Fuß befindet sich unterhalb des Knies; die Zehen zeigen nach oben.

Bild 162: Durch ständigen Zug am rechten Arm von Uke und drehen von links, unterstützt vom Druck der rechten Hand...

Bild 163: ... wirft Tori (über das gestreckte rechte Bein, Zehenspitzen nach unten zeigend) Uke nach vorn.

Koshi-waza
Hane-goshi
(Springhüftwurf)
3. Gruppe, 5. Wurf

165

166

Bild 165: Uke geht beim Hane-goshi rechts zurück. Tori folgt rechts und setzt seinen linken Fuß hinter seinen rechten.

Bild 166: Tori zieht Uke wieder nach vorne und stellt durch einen kleinen Sprung Kontakt zwischen seiner rechten Körperseite und der Vorderseite von Uke her.

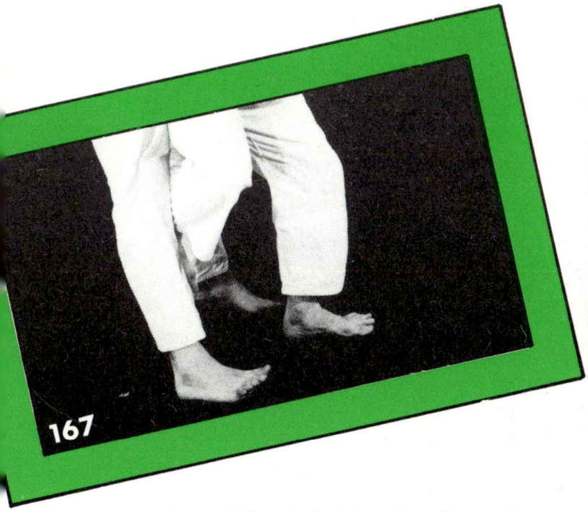

167

Bild 167: Mit leicht abgebeugtem rechten Bein (der Unterschenkel liegt unterhalb des rechten Knies von Uke) wird Uke nach hinten weggedrückt, mit den Händen jedoch nach vorne gezogen.

168

Bild 168: Uke wird ausgehoben und fällt auf seine linke Seite.

Wichtig:

1. Der vollständige Kontakt der rechten Körperseite, von der Wade bis zur Schulter.
2. Das Hineinspringen in den Wurf muß mit gebeugtem linken Standbein durchgeführt werden, um dynamisch ausheben zu können.

Ashi-waza
Harai-Tsuri-komi-ashi
(Hebezug-Fußfegen)
3. Gruppe, 6. Wurf

Bild 170: Zum Harai-tsuri-komi-ashi drückt Tori zuerst Uke nach hinten. Wenn Uke links zurück geht, folgt Tori mit einem kräftigen Stemmschritt nach und setzt diesen vor den linken Fuß von Uke. Die rechte Hand zieht Uke gleichzeitig nach vorne und nach oben.

Bild 171: Das rechte Bein von Uke wird mit der linken Fußsohle von Tori nach hinten gedrückt und weggefegt.

Bild 172: Wichtig:

1. Das Schienbein von Uke (oberhalb des rechten Fußknöchels) muß mit der Fußsohle weggefegt werden.
2. Der Körper von Tori darf in der Hüfte nicht abgeknickt werden.

Bild 173: Auf dem höchsten Punkt der Bewegung zieht Tori mit der linken Hand nach unten und dreht den Körper beim Werfen nach links.

Sutemi-waza
Tomoe-nage
(Kopfwurf)
3. Gruppe, 7. Wurf

Bild 175: Tomoe-nage. Tori geht mit dem linken Bein vor; Uke geht mit dem rechten Bein zurück. Tori drückt mit beiden Händen Uke rückwärts.

Bild 176: Uke reagiert, indem er selbst drückt und mit dem rechten Bein wieder nach vorne kommt. Tori gibt dem Druck Ukes nach und setzt sich nahe seiner eigenen linken Ferse auf die Matte.

Bild 177: Wichtig:
Je schneller und tiefer Tori zwischen die Beine von Uke kommt, um so weniger Kraft benötigt er für diesen Wurf.

Bild 178: Gleichzeitig zieht Tori mit beiden Händen Uke auf sich zu. Er stemmt den rechten Fuß in die linke Leistenbeuge von Uke und wirft, durch ausstrecken seines rechten Beines, Uke über sich.

Te-waza
Kata-guruma
(Schulterrad)
3. Gruppe, 8. Wurf

Bild 180: Zur Ausführung des Kata-guruma geht Tori links zurück. Dabei faßt er den rechten Arm von Uke und zwingt ihn durch einen kräftigen Zug nach oben und vorn zu einem Schritt rechts-vorwärts.

Bild 181: Tori greift mit der rechten Hand von innen den rechten Oberschenkel von Uke bzw. den Stoff der Hose. Rechte und linke Schulter haben dabei Kontakt mit der Vorderseite von Uke.

Bild 182: Tori hebt Uke aus, indem er sich nur mit der Kraft seiner Beine aufrichtet.

Bild 183: Tori zieht das linke Bein an das rechte Bein heran und wirft, indem er Uke mit der linken Hand nach unten zieht.

2.2 Es ist eine Wurfkombination vorzuführen sowie ein Wurf in zwei unterschiedlichen Ausführungen (z.B. Faßarten oder Wurf-Eingänge) zu demonstrieren.

184

Bild 184: Judo-Wurfkombination. Der Angriff von Tori erfolgt mit rechtem Tai-otoshi. Uke steigt mit seinem rechten Bein darüber, um auszuweichen.

185

Bild 185: Diese Gelegenheit benutzt Tori sofort, um zum zweiten Male, nun aber mit Uchi-mata anzugreifen. Uke wird dabei hoch ausgehoben.

186

Bild 186: Demonstration von zwei unterschiedlichen Faßarten. Hier: Eri-seoi-nage, mit dem rechten Griff am rechten Revers, Finger innen.

187

Bild 187: Morote-seoi-nage (ähnlicher Schulterwurf), mit der Fassung rechts am Stoff des rechten Oberarms von Uke.

3. Bodentechniken (Katame-waza)

3.1 Demonstration von je zwei Techniken aus den vier Haltetechnikgruppen Kesa-gatame, Kami-shiho-gatame, Yoko-shiho-gatame und Tate-shiho-gatame.

Zum Beispiel die für den gelben Gürtel verlangten Haltegriffe, oder:

Bild 188: Makura-kesa-gatame / Kissenschärpe (1)

Tori faßt mit der rechten Hand die Hose seines rechten Beines. Ukes Kopf ruht in der Armbeuge von Tori wie auf einem Kissen.

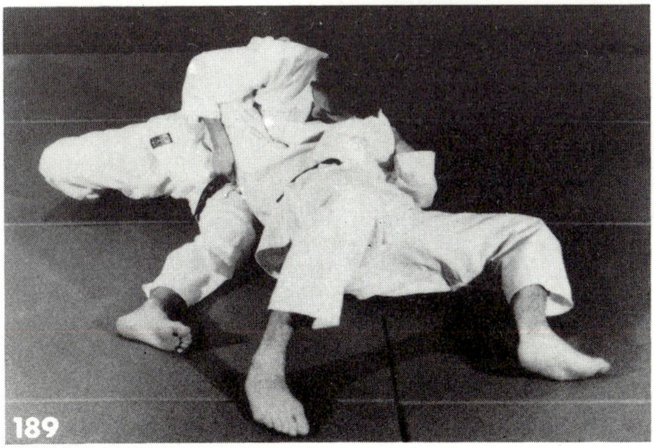

Bild 189: Gyaku-kesa-gatame / Umgekehrter Schärpenschlüssel (2)

Bei dieser Variante liegt Tori umgekehrt zu Uke und greift von hinten an. Toris linke Hand umfaßt Ukes Gürtel an der linken Seite. Die rechte Hand umfaßt den rechten Arm. Die linke Hüfte liegt an Ukes rechter Kopfseite. Mit dem linken Bein kontrolliert Tori die rechte Seite von Uke.

Bild 190: Kuzure-kami-shiho-gatame / Gelockerter oberer Viererschlüssel (1)

Tori greift unter bzw. über die linke Schulter von Uke in dessen Gürtel. Mit der rechten Hand faßt er unter der rechten Achselhöhle Ukes in den Kragen. Der Handrücken zeigt nach oben. Tori kontrolliert so die linke Schulter Ukes und dessen rechten Arm.

Bild 191: Beim vollendeten Haltegriff ist die Handhaltung von Tori nicht mehr von oben zu erkennen.

192

193

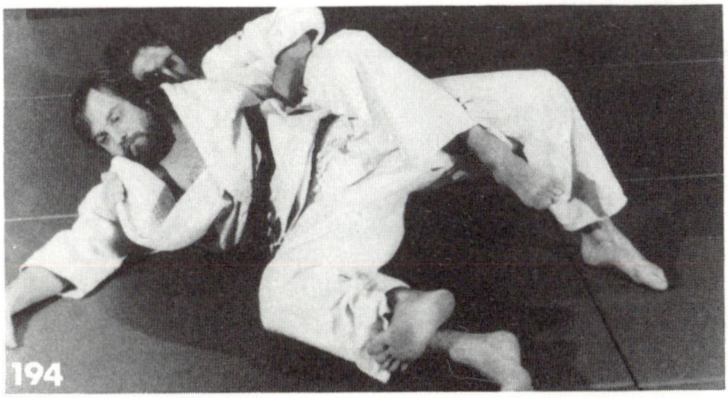

194

195

Kami-shiho-gatame / Oberer Viererschlüssel (2)

Siehe die Ausführung unter »Gelbgurt«, Seite 44.

Kami-shiho-gatame / Oberer Viererschlüssel Zusätzliche Möglichkeit der Ausführung (3):

Angriff gegen einen sich in der Bank verteidigenden Gegner.

Bild 192: Tori klammert das linke Bein Ukes ein, während er mit dem rechten Fuß den rechten Fuß von Uke einhakt. Tori schiebt seine rechte Hand unter der Achselhöhle Ukes hindurch und erfaßt dessen rechtes Revers. Seine linke Hand bringt Tori in eine Würgeposition.

Bild 193: Während Tori sich nach links überrollt, legt er seinen Arm um den linken Arm Ukes.

Bild 194: Tori löst sein linkes Bein und schiebt seinen linken Arm weiter unter die Achselhöhle Ukes.

Bild 195: Tori hat sich auf den Bauch gelegt und hält nun Uke mit Kuzure-kami-shiho-gatame.

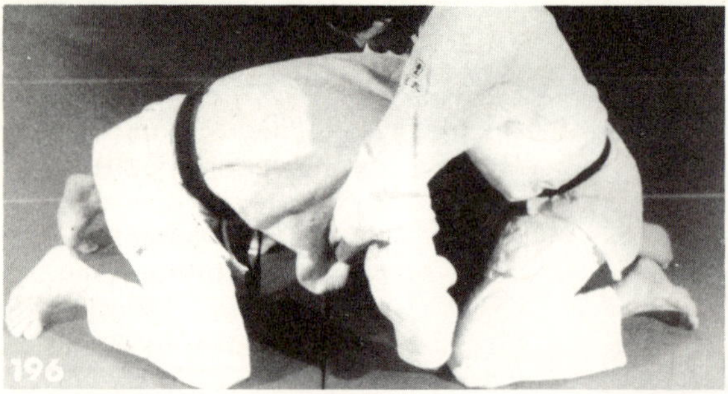

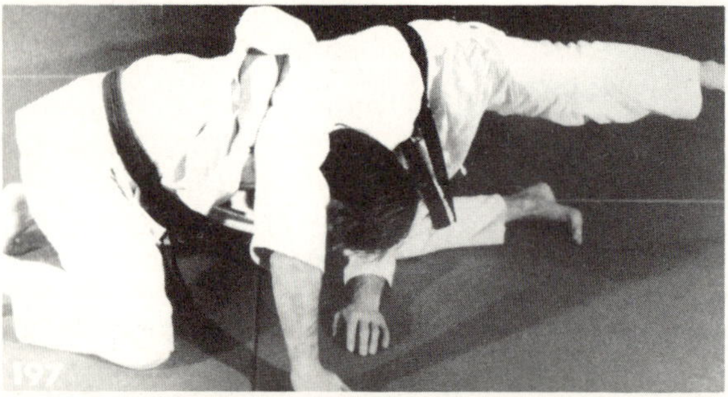

Yoko-shiho-gatame / Seitlicher Viererschlüssel (1)

Yoko-shiho-gatame / Seitlicher Viererschlüssel (2)

Angriff gegen einen sich in der Bank verteidigenden Gegner.

Bild 196: Tori faßt mit seiner linken Hand in das rechte Revers Ukes, unter dessen Achselhöhle hindurch.

Bild 197: Im gleichen Moment schiebt Tori seinen rechten Arm unter den linken Arm Ukes hindurch und bringt seinen Handrücken hinter dessen Kopf, wobei er sich seitlich unter Uke rollt.

Bild 198: Tori streckt jetzt seinen rechten Arm und versucht, sich auf den Bauch zu drehen.

Bild 199: Tori hält nun Uke mit Kuzure-kami-shiho-gatame.

Yoko-shiho-gatame / Seitlicher Viererschlüssel (3)
Zusätzliche Möglichkeit der Ausführung:

Frontal-Angriff zwischen den Beinen.

Bild 200: Uke liegt lang ausgestreckt auf dem Rücken. Tori kniet links neben den Beinen Ukes. Er faßt von außen mit beiden Händen in den Gürtel Ukes und zieht mit einem kraftvollen Ruck diesen nach oben.

Bild 201: Uke liegt auf dem Rücken, Beine angezogen. Tori befindet sich zwischen den Beinen von Uke. Er faßt nun mit beiden Händen in den Gürtel von Uke und zieht diesen mit einem kräftigen Ruck nach oben auf seine Schultern. Das Überrollen Ukes wird verhindert, indem Tori seinen Bauch vorstreckt und mit dem rechten Knie den linken Arm Ukes blockiert. Tori greift dann den rechten Ärmel Ukes und zieht ihn nach oben.

Bild 202: Tori drückt mit seinem Brustkorb an der rechten Seite Uke nach oben und zieht Ukes Arm hinter dessen Rücken. Tori rutscht dann soweit herum, bis er an der rechten Seite Ukes liegt.
An der rechten Seite Ukes liegend hält Tori diesen nun mit Kuzure-yoko-shiho-gatame.

Tate-shiho-gatame
Reitvierer Schlüssel (1)

Drehen nach rechts.
Verteidigung gegen einen Angriff zwischen den Bein

Bild 203: Tori faßt mit seiner rechten Hand in Ukes linke Kragenseite; mit seiner linken Hand drückt er den rechten Arm von Uke nach oben und vorne. Toris linkes Bein blockiert Ukes rechtes Knie.

Bild 204: Tori zieht Uke an sich heran und dann sofort mit Schwung auf seine rechte Seite. Tori hebt dazu Ukes linkes Bein mit seinem Spann. Mit dem linken Bein streckt er Ukes rechtes Bein nach unten. Tori dreht auf diese Weise Uke auf den Rücken. Er läßt seinen rechten Fuß in der Kniekehle von Uke und dreht sich mit.

Bild 205: Tori liegt nun rittlings auf Uke und hält diesen mit Tate-shiho-gatame.

203

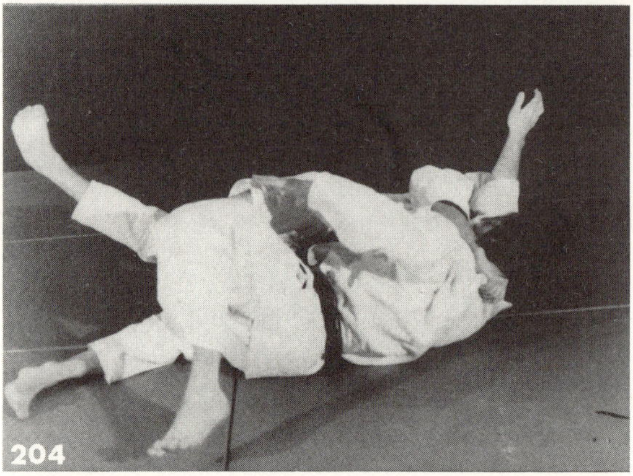
204

205

Tate-shiho-gatame / Reitvierer Schlüssel (2)

Drehen nach links. Verteidigung gegen einen Angriff zwischen den Beinen.

Bild 206: Uke greift Tori zwischen den Beinen an. Tori richtet sich auf und greift mit der rechten Hand in den Gürtel. Der Kopf von Uke wird mit dem linken Arm von Tori unter der Achselhöhle eingeklemmt.

Bild 207: Tori dreht nun Uke links herum, indem seine Arme diese Drehbewegung verstärken. Das rechte Bein von Uke wird lang ausgestreckt; das linke Bein zur Drehbewegung angehoben.

Bild 208: Tori dreht sich nun mit Uke herum. Seine Fersen bleiben nach erfolgter Drehbewegung unter den Oberschenkeln von Uke eingeklemmt. Die Armhaltung wird von Tori beibehalten. Tori hält nun wieder mit Tate-shiho-gatame.

206

207

208

3.2 Demonstration von je einer Technik aus den Würgetechnikgruppen Okuri-eri-jime und Kata-ha-jime.

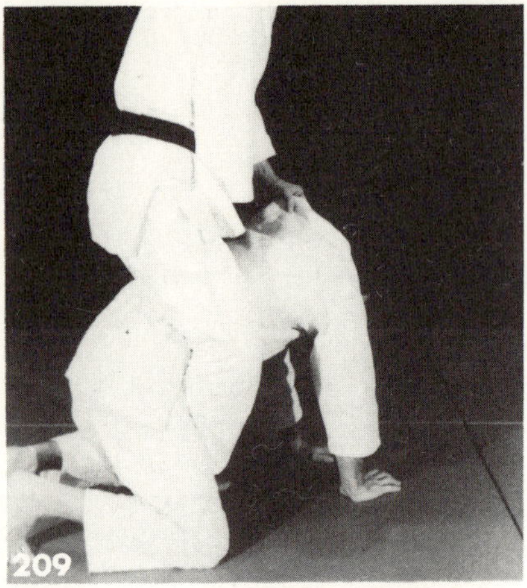

Okuri-eri-jime (Kragenwürgen)

Angriff gegen einen sich in der Bank verteidigenden Gegner.

Bild 209: Tori sitzt im Reitsitz über Uke und klammert seine Fersen in der Leistenbeuge von Uke ein.

Bild 211: Nochmals die Griffhaltung bei diesem Würgegriff Okuri-eri-jime. Die rechte Hand Toris zieht am linken Revers von Uke nach rechts und die linke Hand von Tori zieht an der rechten Kragenseite nach links und hinten.

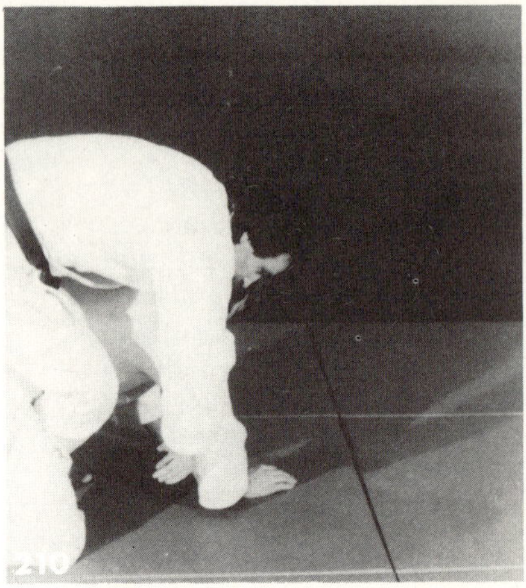

Bild 210: Tori greift nun während des Drehens mit seiner rechten Hand unter der rechten Achselhöhle Ukes hindurch an dessen linkes Revers und mit der linken Hand möglichst eng unter dem Kinn von Uke an sein rechtes Revers.

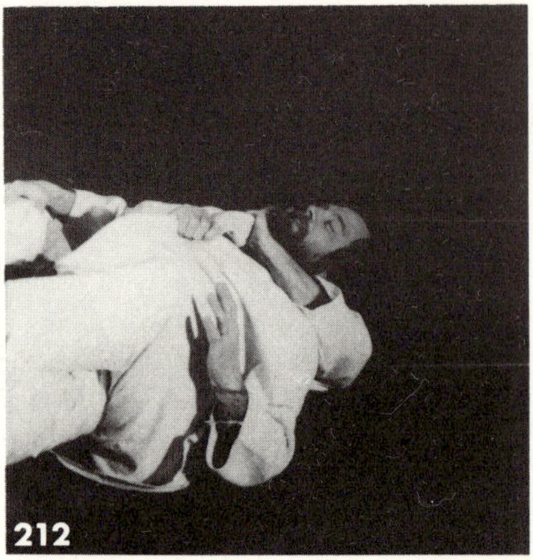

Bild 212: Uke liegt mit dem Rücken auf dem Bauch von Tori und wird mit den Beinen von Tori eingeklemmt, um eine Befreiung zu verhindern.

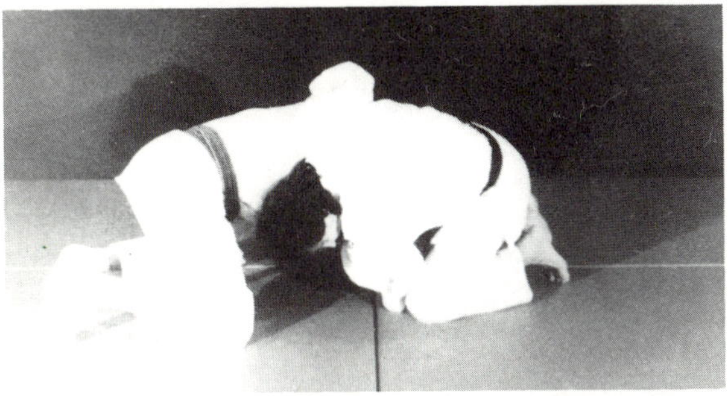

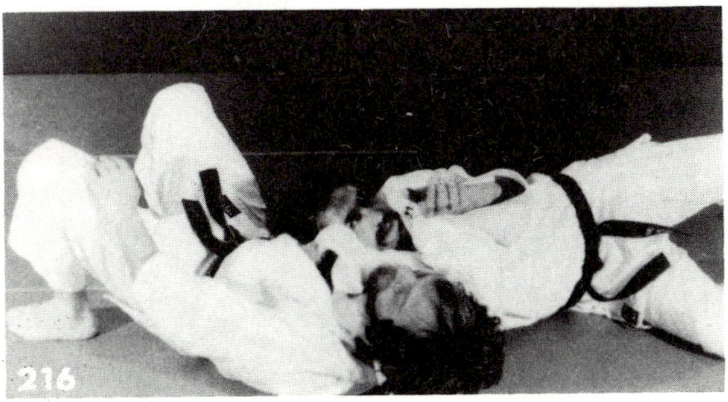

Kata-ha-jime (Hinteres Schulterwürgen)

Angriff gegen einen sich in der Bank verteidigenden Gegner.

Bild 213: Tori erfaßt — von rechts her kommend und unter das Kinn von Uke hindurchführend — in dessen rechten Kragen (Revers). Im Ernstfalle verharrt Uke in seiner tiefen, verteidigenden Bank-Position.

Bild 214: Im gleichen Augenblick schiebt Tori seinen linken Arm unter dem rechten Arm Ukes hindurch und führt seinen Handrücken hinter dessen Kopf.

Bild 215: Indem sich Tori nach links unter Uke rollt, streckt er seinen linken Arm.

Bild 216: Tori kontrolliert nun mit dem linken Handgelenk den Hinterkopf Ukes und würgt durch ziehen mit der rechten Hand.

3.3 Demonstration von je einer Technik aus den Hebeltechnikgruppen Ude-gatame und Waki-gatame.

Ude-gatame (Drehstreckhebel)

Bild 217: Uke hält Tori mit Yoko-shiho-gatame. Tori schiebt Uke mit seiner linken Hand am Hals nach unten, während er ihn mit seiner rechten Hand an der Hüfte nach oben drückt. Gleichzeitig schiebt er sein rechtes Knie unter den Bauch von Uke.

Bild 218: Durch diese Aktion wird der linke Arm von Uke lang gestreckt. Tori schwingt nun sein linkes Bein um den Kopf Ukes herum und verstärkt den Druck des rechten Knies an der linken Hüfte.
Tori drückt mit beiden Händen gegen das gestreckte Ellenbogengelenk von Uke und führt so den Ude-gatame aus.

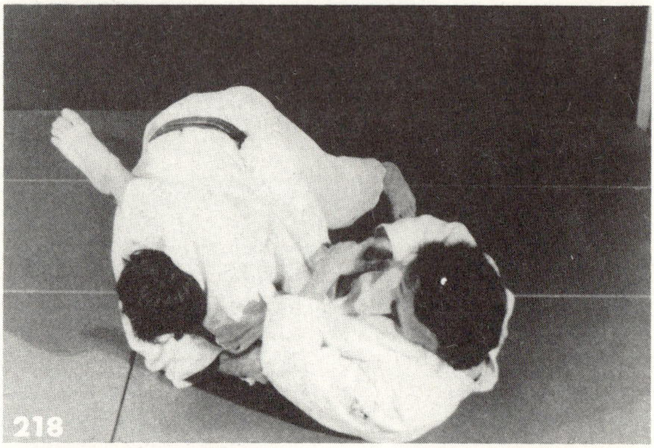

Bild 219: Der zu hebelnde Arm Ukes wird von Tori zwischen Kopf und Schulter eingeklemmt. Dann drückt er mit beiden Händen von hinten auf das Ellenbogengelenk.

4. Bewegungsaufgabe

Einen in der Rücken- oder Seitenlage sich verteidigenden Partner mit zwei verschiedenen Methoden angreifen und die Angriffe erfolgreich mit je einer Bodentechnik beenden.

Waki-gatame (Achselstreckhebel)

Bild 220: Tori hält Uke mit Kuzure-kesa-gatame. Uke faßt mit seiner linken Hand das rechte Revers von Tori und schiebt die Hand unter das Kinn, um Tori wegzudrücken bzw. zu würgen.

220

Bild 221: Tori gibt diesem Druck nach, indem er sich etwas aufrichtet und Uke auf dessen rechte Seite dreht. Der rechte eingeklemmte Arm von Uke wurde zu diesem Zweck langsam gelöst.

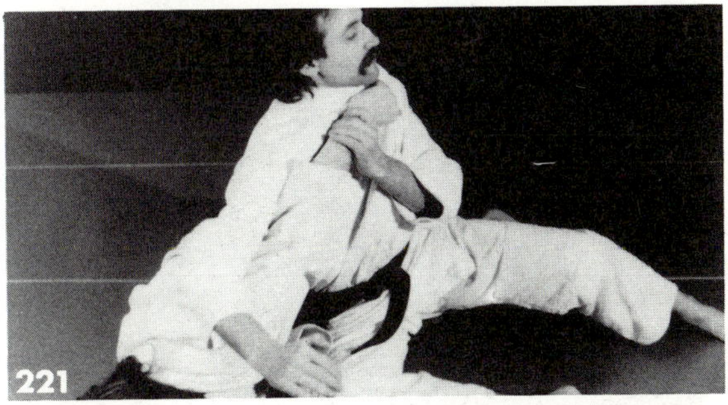

221

Bild 222: Tori hebelt nun den gestreckten linken Arm von Uke, indem er mit beiden Händen Ukes Handgelenk bzw. den Unterarm erfaßt und sein eigenes Gewicht etwas nach unten (in die Achselhöhle von Uke hinein) verlagert.

222

Die für den blauen, braunen und schwarzen Gürtel verlangten Stand- und Bodentechniken werden in dem 2. Band dieser Reihe ausführlich beschrieben. **Siehe auch Buch-Ankündigung auf Seite 114.**

Bild 223: Die Schönheit des Judo wird durch die Ausführung dieses Okuri-ashi-barai sichtbar. Das gekonnte Fallen von Uke unterstreicht die Faszination dieser erfolgreichen Wurftechnik. Siehe auch Seite 58 und 59.

Aphorismen zum Studium des Weges

von Fritz Nadler, Hamburg

INNEN bedingt AUSSEN,
und AUSSEN bedingt INNEN.
Vom Einen zum Andern,
vom Andern zum Einen
schreite
zu Dir
von Stufe zu Stufe.

*

Du mußt lernen, etwas weniger
ungestüm zu sein
und mehr feinfühlig;
übe große Geduld im Umgang
mit Toren. **Lin Yütang**

*

Erstrebe eine heitere Gelassenheit
im Sieg und
in der Niederlage. **G. Koizumi**

*

Verwechsele nicht Stärke mit
Trotz,
Beharrlichkeit nicht mit Starrsinn
und
Geduld nicht mit Phlegma;
auch Weisheit nicht mit Besser-
wissen.

*

Sei wie das Wasser,
zu allem passend sich anpassen;
stets zurückweichen,
doch niemals weichen.

*

Das Schwache wird das Starke
überwinden. **Buddha**

Das Rohr neigt sich im Wind.
Weil das Rohr sich neigt, wird es
nicht brechen.

*

Was ein Strohhalm wiegt,
wirst Du bei der Ernte erfahren.

*

Einer der Wege ist Geduld.
Auch der längste Weg beginnt
mit dem ersten Schritt.

*

Wenn ein Mensch geboren wird,
ist er zart und schwach;
im Tode ist er hart und steif.
Sind Dinge und Pflanzen lebend,
sind sie weich und biegsam,
sind sie tot, sind sie spröde und
hart.
Darum sind Härte und Steifheit
Gefährten des Todes,
Weichheit und Biegsamkeit
Gefährten des Lebens.
Wenn daher eine Armee
starrköpfig ist,
wird sie die Schlacht verlieren.
Ist ein Baum hart,
wird er gefällt.
Das Harte und Starre wird unterlie-
gen,
das Sanfte und Geschmeidige
wird siegen. **Laose**

*

Wer die Formen nicht achtet,
wird nicht vollendet werden.
Konfuzius

10 Tips für Anfänger

1. Trainiere mindestens dreimal in der Woche. Bei begabten Sportlern genügt das zweimalige Training pro Woche. Dafür aber regelmäßig.
2. Verzichte niemals auf die Gymnastik, auch nicht im Sommer. Sie macht den Körper vor dem Training geschmeidig und verleiht ihm nach dem Training ein Gefühl der Entspannung.
3. Lege immer großen Wert auf eine perfekte Fallschule. Nur durch sie besiegst du die ursprüngliche Angst vor dem Fall, und du erreichst einen lockeren Kampfstil.
4. Denke immer an ein gutes Gleichgewichtsbrechen. Wer als Anfänger nicht darauf achtet, wird sich auch als Danträger kaum damit befassen und nur wenige Kampferfolge erringen.
5. Verzichte niemals auf die Judo-Grundschule. Bei schwereren Kombinationen und Gegenwürfen sind die gut gelernten Grundbewegungen eine der ersten Voraussetzungen zum Erfolg.
6. Übe den Stand- und Bodenkampf so aus, daß weder das eine noch das andere Hauptgebiet vernachlässigt wird. Eine Viertelstunde Bodenkampf zum Trainingsabschluß wird empfohlen.
7. Wechsele sehr oft deinen Partner. Nur so gewöhnst du dich an die verschiedenen Reaktionen bei der Anwendung deines eigenen Spezialwurfs.
8. Trainiere stets mit besseren Partnern. Durch die dadurch erforderliche Aufmerksamkeit in Angriff und Verteidigung sind die schnellsten Fortschritte zu erzielen.
9. Nimm dir ein Vorbild, aber eifere ihm nur bedingt nach. Es ist besser, ein erstklassiger Schulze zu werden als ein zweitklassiger Hirano.
10. Bilde dich auch in der Judo-Theorie weiter. Es ist nicht lobenswert, wenn du als späterer Trainer, Funktionär oder Spitzenkämpfer das einfache Judo-Vokabular nicht beherrscht.

Die 250 häufigsten japanischen Bezeichnungen und ihre deutschen Erklärungen

A

Age = Kinn
Age-oshi = Kinn
Ago = Kinn zurückdrücken
Aiki-do = moderne Selbstverteidigung
Aoiro-obi = blauer Gürtel (2. Kyu)
Arashi = Sturm
Arigato = „danke"
Asahi = aufgehende Sonne
Ashi = Fuß
Ashi-ate-waza = Fußschlagtechnik
Ashi-barai = Fußfegen
Ashi-garami = Beinhebel (verboten)
Ashi-gatame = Haltegriff mit dem Bein
Ashi-guruma = Beinrad
Ashi-waza = sämtliche Fuß- und Beinwürfe
Atama = Kopf
Atemi = gefährliche Schläge und Stöße
Awasete-ippon = „das ergibt einen Punkt" (KR-Sprache)
Ayumi = Schritt, laufen, vorwärtsstreben

B

Banzai = Ausruf: „Hoch, Hurra"
Barai (Harai) = fegen
Basami = Schere
Bojutsu = feudale Kriegskunst
Bu = Ritter
Budo = sämtliche Kriegskünste (Oberbegriff)
Budokwai = Judozentrale in London
Bujin = Kämpfer, Krieger
Bushido = Ehrenkodex der jap. Ritter

C

Cha = braun
Chikara = Kraft
Chikara-kurabe = Wettkampf der Kräfte
Choshi = Stimmung, Harmonie, Takt
Chugaeri = Rolle vorwärts, sich überschlagen
Chusen = Los, auslosen, der Sieger wird in Japan bei Punktgleichheit ausgelost

D

Daki = umarmen
Dan = Judo-Meistergrad
Danryoku = Elastizität, Spannkraft
De = vorrücken
Do = Weg, Prinzip, Lehre
Do-jime = Beinschere (gestreckt verboten)
Dojo = Judo-Übungshalle
Dori (Tori) = nehmen, der Werfende

E

Ebi = Krebsart (Krabbe)
Eri = Kragen

F

Fu-antei = Nichtgleichgewicht, labil
Fukukoso = Solar-Plexus
Fumi = treten
Fumi-komi = eintreten (eindrehen)
Fusegi = Verteidigung
Fusegi-waza = Gruppe der Abwehrgriffe
Fusen-sho = „kampflos Sieger"

-gaeshi (Kaeshi) = Gegengriff
-gaeshi-waza = Gruppe der Gegenwürfe
Gake = einhängen

G

Gari	= sicheln
-garami	= halten
-gatame (Katame)	= Immobilisation, Halten
-gatame-waza	= Schlüsselgrifftechnik: Haltegriffe, Würgegriffe und Armhebel
-geiko	= Übung
Kan-geiko	= Wintertraining
Natsu-geiko	= Sommertraining
Go	= fünf
Go-dan	= 5. Meistergrad
Gokyo (-no-kaisetsu)	= System Kodokan, 5 Wurfgruppen
Gonosen-no-kata	= Form der Gegenwürfe
-goshi (Koshi)	= Hüfte
-guruma	= Rad
Gyaku	= gegen die Natur, umgekehrt

H

Hachi-dan	= 8. Meistergrad
Hadaka	= nackt, bloß
Hajime	= „kämpft!"
Hakama	= Kendo-Bekleidung
Hane	= Sprung, Flügel
Hansoku-make	= Regelverletzung (aus den Kampfregeln)
Hantei	= Beurteilung, Entscheidung
Hara	= Bauch, Magen (Schwerpunkt)
Harai (barai)	= fegen, mähen
Hasami (basami)	= Schere
Henka	= Wechsel
Hidari	= links
Hiji	= Ellenbogen
Hikiwake	= unentschieden
Hishigi	= strecken, drehen
Hiza	= Knie
Hizamaki	= Fortbewegung auf den Knien
Hon	= Basis, Grund, Haupt

I

Ichi	= eins
Idori	= sitzend
Ippon	= ein Punkt (aus den Kampfregeln)
Itsutsu-no-kata	= Form der fünf Symbole

J

Jigo	= Abwehr
Jigotai	= Verteidigungsstellung
Jikan	= Zeit
-jime (shime)	= würgen
Jitsu	= Kunst, Technik
Jiu (Ju)	= nachgeben, sanft
Jiu-Jitsu (Jujitsu)	= ältere Form der Selbstverteidigung
Ju-dan	= 10. Meistergrad
Judo	= Sport, Philosophie
Judogi	= Judobekleidung
Judoka	= Judokämpfer
Juji	= Kreuz
Ju-no-kata	= Form der 15 Geschmeidigkeitsübungen

K

Kaeshi (gaeshi)	= Gegenangriff
Kagami-biraki	= Neujahrszeremonie in Japan
Kaisetsu	= Erklärung
Kakato	= Ferse
Kake	= Endphase des Wurfes
Kami	= oberer Körper
Kamiza	= Ehrenplatz
Kani	= Krebsart
Kano	= Begründer des modernen Judo
Kansetsu	= Gelenk
Kansetsu-waza	= Gruppe der Armhebel
Karate	= harte Nahkampftechnik

K

Kashira (gashira)	= Haupt, oben, hoch
Kata	= Schulter, Form
Katame (gatame)	= Immobilisation, Halten
Katame-no-kata	= Form der Bodengriffe
Kuatsu	= Kunst der Wiederbelebung
Keiko (Geiko)	= Übung
Kenjutsu (Kendo)	= Fechtkunst
Kiai	= Kampfschrei
Kime-no-kata	= Form der Selbstverteidigung
Kimono	= altjapanische Kleidung
Kiri	= spalten, schneiden
Ko	= klein
Kodokan	= Judo-Institut in Tokio
Koshi (goshi)	= Hüfte
Koshiki-no-kata	= Form des alten Stiles, 21 Übungen
Koshi-waza	= Gruppe der Hüftwürfe
Kubi	= Hals
Ku-dan	= 9. Meistergrad
Kuzure	= gelockert, Abart
Kuzushi	= Gleichgewichtsbrechen
K(w)ai (Kai)	= Gesellschaft
Kyo	= Gruppe
Kyu	= Schülergrad
Kyudo	= Kunst des Bogenschießens

M

Ma	= gerade
Mae	= vorwärts
Mae-ukemi	= fallen vorwärts
Maitta	= „Ich bin geschlagen"
Maki	= einrollen
Maki-komi-waza	= Gruppe der Drehwürfe
Ma-sutemi-waza	= Selbstfalltechnik auf den Rücken
Mata	= Innenseite des Schenkels
Mate	= „Warten!"
Migi	= rechts
Migi-jigotai	= rechte Verteidigungsstellung
Migi-shizentai	= rechte Angriffsstellung
Mochi	= Griff mit den Händen
Mokuso	= Judositz, Konzentration
Morote	= zwei Hände
Mune	= Brust

N

Nage	= werfen, Wurf
Nage-no-kata	= die Form des Werfens
Nage-waza	= Gruppe der Standtechniken
Ne	= liegend
Ne-waza	= Gruppe der Bodentechniken
Ni-dan	= 2. Meistergrad

O

O	= groß
Obi	= Gürtel
Okuri	= nachschicken
Omote-waza	= Kombinationstechniken
Osae	= Immobilisation, halten
Osae-komi-toketa	= „Haltegriff aus"
Oten	= zur Seite drehen
Otoshi	= fallen

R

Ran	= locker
Randori	= Übung
Renshu	= Übungskampf (freies Lernen)
Renzoku-waza	= Gegenwurftechniken
Ritsu-rei	= Gruß im Stand
Roku-dan	= 6. Meistergrad
Ryo (Rio)	= zwei

S

Sabaki	= drehen, sich verteidigen
Samurai	= Ritter
San-dan	= 3. Meistergrad
Sasae	= stützen
Sensei	= Professor, Lehrer

S

Seoi	=	Schulter
Shiai	=	Wettkampf
Shiaijo	=	Kampffläche
Shichi-dan	=	7. Meistergrad
Shi-dan	=	4. Meistergrad
Shihan	=	Doktor
Shiho	=	vier Ecken
Shime (= jime)	=	würgen
Shime-waza	=	Gruppe der Würgegriffe
Shisei	=	Stellung
Shizentai	=	natürliche Stellung
Shobu	=	Kampf
Sode	=	Ärmel
Sode-dori	=	bei den Ärmeln fassen
Sono mama	=	„Nicht bewegen!" „Liegen bleiben!"
Sore made	=	„Das ist alles"
Soto	=	außen
Sukui	=	Schaufel
Sumi	=	Ecke
Sumo	=	japanischer Ringkampf
Suri-age	=	heben, gleiten
Sutemi	=	opfern, Körperwurf

T

Tachi-ai	=	stehende Stellung
Tachi-waza	=	Standtechnik
Tai	=	Körper
Tanden	=	Unterleib
Tani	=	Tal
Tatami	=	Reisstrohmatten
Tate	=	senkrecht, von oben
Tawara	=	Reisballen
Te	=	Hand, Arm
Tegatana-ate	=	Handkantenschlag
Tekubi	=	Handgelenk
Te-waza	=	Gruppe der Hand-, Arm- oder Schultertechniken
Tomoe	=	Bogen
Tori	=	Werfer, Angreifer
Tsuki	=	Stoßen
Tsukuri	=	Eingang, Wurfansatz
Tsuri	=	ziehen
Tsuri-komi	=	Hebezug

U

Uchi	=	innen
Uchi-komi	=	mehrere, hintereinanderfolgende Eingänge — ohne Wurf
Ude	=	Arm
Uke	=	Verteidiger, der Fallende
Ukemi	=	Fallschule
Uki	=	schweben
Ura	=	entgegengesetzt, Rücken
Ushiro	=	hinten, rückwärts
Utsuri	=	überwechseln

W

Wakare	=	sich trennen
Waza	=	Technik, Kunst
Waza-ari	=	halber Punkt, Wertung

Y

Yama	=	Berg
Yoko	=	Seite
Yoshi	=	„kämpft" oder „weitermachen"
Yubi	=	Finger
Yudansha	=	Danträger
Yusei-gachi	=	„gewonnen durch Überlegenheit"

Z

Za	=	Sitz, Platz
Za-zen	=	Konzentrationssitz, bei dem beide Beine vorne übereinandergeschlagen werden
Zen	=	buddhistische Glaubensrichtung
Zubon	=	Hose